MIGRANTE

Álvaro Mercado Cervantes

Prologue

This book is written with sincere pain, the same pain every migrant felt when leaving their homeland. But equally, it is written with hope, the same hope that strengthens those who seek a better future in this great country. The idea of writing was born not only because I have lived this reality but because I have lived here with thousands of immigrants who, like me, left our country of origin hoping for a better life. It is, therefore, a sad book because it presents the loneliness and suffering of many, but in the same way, it is a hopeful book because it reflects the dreams and illusions of many others. Thus, Migrante aims to make you witness everything that you have forgotten or wish to forget, that is, the daily anguish of people who fight to belong to a place from which they feel rejected. As Migrante, it is pure journalism, and "journalism precedes history." I wish that these lives are read with Soul so that they are not forgotten so that they leave their mark on you. I desire to reflect on how migration has marked each interviewee's life, identity, and personality. If it is partly true that the central theme is migration, the attentive reader will find subtopics in each testimony that will make them see the migrant reality from other perspectives. This perspectivism will bring you closer to the phenomenon of immigration and, therefore, to a better understanding of human beings. And since all our lives are somewhat similar, don't be surprised that you find something of yours in these interviews. And if you read something that you experienced similar or the same as that of a migrant, remember that we are all brothers of the same pain or the same hope because you, like us, have also crossed certain borders.

I hope Migrante is a citizen in your Heart, the author.

The 2,500-mile border between Mexico and the United States is the only visible border between the developed and developing world...But the will of the worker is strong. Most come from Mexico, Central America, Colombia, and the Caribbean. Sometimes, they are pushed by political misfortune. But almost always, and especially in the case of Mexicans, the immigrant has arrived for economic reasons...Beyond financial factors, immigrant workers represent an extensive social and cultural process necessary for the continuity of Hispanic American culture.
The Buried Mirror, Carlos Fuentes

I think we need to find global solutions. The problem of immigration and refugees is going to grow even more because there is violence and poverty. Immigrants are leaving everything they love because they are desperate.
Isabel Allende

He said goodbye with a grimace disguised as a smile
and he begged his God crucified on the ledge
the protection of his own

and he pierced the border as best he could.

Mojado/Wet Back, Ricardo Arjona

Our house was no longer where it was. That happens a lot to immigrants. We believe that our home is in our country of origin and when we return we realize that things have changed...Why? Because we are not the same person who left; the trip has changed us.

Crossing Borders, Jorge Ramos

■The coyote charged me 150 dollars because I gave him a marijuana joint■

Five friends and I crossed the Rio Grande on top of a log. The coyote charged me 150 dollars because I gave him a marijuana joint. I think he liked me because, at first, I didn't know he would cross us. I went into the restroom, looked at him desperately, and told him: "Dude, are you okay? Are you also crossing?" And he answered me: "No, my friend, I cross people. "That's my thing." And as I looked at him, distracted, I replied: "Well, here I have a marijuana joint; it will relax you. Do you want some?" Like I am telling you, I think he liked me because he smoked his joint happily, which relaxed him. This, which I am sharing with you, happened more than 30 years ago in the early eighties; smugglers used to charge 300 dollars. It was easy back then, but now it's wild; they charge 15,000 dollars. Time flies. What's my name? I don't know anymore, but everyone knows me as The Sheep.

Soledad, California

■The Migra officers changed guard's shifts at 7:00 in the morning■

I was never afraid of crossing the immigration checkpoint there in San Clemente. Of course, I was always alone. No companions. I didn't want anyone to go with me. What I used to do was put on good makeup. I was well dressed in my car, and when I passed through the checkpoint, I waited for the immigration officers to change shifts. The Migra officers changed guard's shifts at 7:00 in the morning. I knew they made the change around that time. I fixed my hair, put on makeup, and dressed up elegantly, and they always let me pass without checking me. I had to follow the lettuce season from Yuma to Salinas and Salinas to Yuma, and I couldn't be afraid. Besides, I had a family to feed back in Mexico. Well, I'll be talking to you about 77', 78', 79' at that time. Crossing was easier before, but now things have changed.

Eva, Salinas, California

■ I walked through the immigration checkpoint wearing a Lakers jacket■

I am Chava and I am from Michoacán. How did I cross the border? I was a little boy, and the only thing I remember is that my parents paid a woman to cross over me. I walked through the immigration checkpoint wearing a Lakers jacket. I held my Toyota'scoyota's (smuggler) hand, and she crossed me off as her son. I think the lady did have legal documents, and the immigration officers didn't ask her anything about me; they assumed I was her son. But the funny thing was that the jacket was enormous; it covered my entire face, so the officers couldn't see how "dark" I was, and the lady was kind of blond. Over time, I realized that the idea had come from an uncle of mine, my father's brother, who lived in Los Angeles. Since the Lakers had become champions that year, I feel like the migra's officers fell asleep. You already know how we Mexicans are.

Salinas, California

■No one spoke; we were all serious, no complaining, no talking, but yes, we were all full of dreams■

I am Rubén, and Veracruz is my birthplace. I lived there until I was 16, when I decided to come to the United States. The first time I crossed, I went through Sonora, Malta. We walked a lot that night until we arrived near a Freeway where a dump truck awaited us. We were about 50 migrants, and when we arrived, the "coyote" told us: "get on quick." The first group was about 18 migrants. Then, a second group of migrants got on; the last one was where I was going. We were lying in rows of 3, a lot of people. Can you imagine? They put a tarp on the truck to cover it and took us to Phoenix. The trip lasted almost two and a half hours. It was cold as fuck, but no one spoke; we were all serious, no complaining, no talking, but yes, we were all full of dreams.

Salinas, California

■**Holy Virgin, save me from immigration officers, and if you do me a miracle, I will repay you with a Holy Promise there in the Basilica**■

I don't know if you are religious, but the last time I crossed the border, I had a beautiful experience of faith and spirituality. The feeling overcomes me every time I remember it, and my eyes fill with tears. Look: in 2003, I crossed the border with 40 immigrants through the Arizona desert. At that point, the immigration helicopter flashed the lights at us, and the area lit up. We hid among the bushes, and full of fear, I began to pray. I asked the Holy Virgin if she was miraculous or if she was genuine to tell me the miracle of escaping from the immigration officers. I knelt and prayed with authentic faith and made a Holy promise. I prayed and begged her: "Holy Virgin, save me from the immigration officers, and if you do me a miracle, I will repay you with a Holy Promise there in the Basilica." I felt her mantle around me and the 40 immigrants at that moment. I felt her presence, protection, divinity, and love. You won't believe it, but at that precise moment, the immigration helicopter left, and we could continue. That was 20 years ago, and sadly, I have not been able to fulfill my Holy Promise since I am not yet a legal resident. Still, as soon as I become a resident, I promise to visit my Lady of Guadalupe there in Mexico City.

Salinas, California

■**The snake and I looked at each other face to face; I looked at her eyes, and she looked at mine**■

I am Hugo, Oaxacan, of Mixteco origins. I crossed through Sonorita 7 years ago, and I paid 7000 dollars. It took us almost 15 days to cross the desert. I carried 4 gallons of water: 2 in the backpack and two tied with a rope on my shoulders. I had dried meat, cans of tuna, and crackers. I don't know if you know that the shorter the trip, the more you pay: 15,000 dollars. The longer the trip, the less you pay: 7,000 dollars. In those two weeks, I saw three snakes. The first one was the most dangerous because it almost stung my face. Let me explain: I was exhausted that afternoon, and I went to rest under a bush.
I slowly crawled under it, and then, suddenly, I looked at the snake. The snake and I looked at each other face to face. I looked at her eyes, and she looked at mine. And just as I got in, I went back. I moved my foot slowly, then the other one, without stopping to see the snake's eyes. I got out of there. So I saved my life. As I say, the snake and I look face to face. That was seven years ago. As I mentioned before, thank God I still have my parents, who live in Oaxaca. 5 brothers live here: 2 live in Greenfield, two

live in Soledad, and 1 in New York. We helped that brother who lives there set up a butcher shop, which he lives off of. We work putting roofs on houses or ruffling, as they call it here.

Soledad, California

■From there, we arrived at San Isidro, and an American man who was dating a Mexican woman crossed us in his car for $50 dollars■

I am from San Martin Uricho, Michoacán, and I emigrated when I was 17 with the help of a friend who lived in Los Angeles. He and I grew up together in the same town, but he had been coming here for a few years. He invited me to go once he returned to Uricho, and I accepted his offer. Crossing was easy; we passed through Tijuana by a bridge near Chula Vista Beach. From there, we arrived at San Isidro, and an American man dating a Mexican woman crossed us in his car for 50 dollars. The American man did not know Spanish, but his girlfriend was bilingual; what he said in English, his girlfriend repeated in Spanish. We arrived at the San Clemente checkpoint. The "Migra" asked him where he was going, and the American only said to Los Angeles. The immigration officers did not continue asking him anything, so the couple took us to Santa Ana. I stayed there for three days with an uncle of mine. At that time, my brother, who lived in Oregon, sent money to my uncle to buy me a plane ticket and send me there. I was in Oregon for four years but then moved to San Diego. There, I met my wife, got married, lived there for two years, and then we came to Soledad, where you have your home if you desire.

Genaro, Soledad, California

■The saddest thing was that the next day, one of the Tijuana newspapers reported that they had found four dead girls under a bridge■

I did experience a very traumatic migrant experience there at the border when I crossed 20 years ago. First, I watched as a pregnant girl fell off the fence while trying to cross to the other side. When she fell, I looked at her belly and legs; all her pants were full of blood. They took her to the hospital, and there she lost her baby. Then, a very suspicious coyote asked me to cross with him. I was going with another girl, but we decided not to go with him. 4 other girls did, and nothing was heard from them. The saddest thing was that the next day, one of the Tijuana newspapers reported that they had found four dead girls under a bridge. They were the same girls I had seen. Can you imagine if I had gone with that coyote? I spent almost two weeks trying to cross until I could make it through Piedras Negras. I crossed the immigration checkpoint with a fake identification card. The "coyote," or the female "coyote" that helped cross, was a 14-year-old girl. I remember that she spoke English and Spanish very well. After crossing the border with those false documents, we went to a Wal-Mart.

I thought it would be easier from there, but right there inside the store, there was an immigration raid, and they took many people away. Can you imagine having the "Migra" behind you? I pretended I was buying something, and the officer was behind me. I felt his breathing. When the "Migra" left, we got into a car that would take us to Phoenix. The young girl told me: "There are two more checkpoints to cross, one at 45 miles and the other at 15; which one do you want us to cross?" I told her: "Well, for the fastest one, if they catch me, they will catch me, won't they?" Fortunately, nothing happened, and we managed to cross. The saddest thing is that when I arrived in California with my ex-husband, I had a nervous breakdown and started shaking and crying because of the entire trauma I had experienced.

Fabiola, Soledad, California

■ "Faggot" "queer," "ill-bred" was some of the comments I received for being homosexual■

Hello, I'm Fernando, I'm gay, and this is my story: "Faggot" "queer," and "ill-bred" were some of the comments I got for being homosexual. In Guatemala, I was the manager of a Wal-Mart store in the country's capital. My parents were pastors of a Christian church, and they were never able to assimilate my sexual orientation. They believed that my condition was "a mortal sin" and always encouraged me to give up my sexual tendencies. I even pretended I had a girlfriend, but I still liked men. One day, an admirer sent me chocolates and flowers, and my mother threw them in the trash. One night, I came home, went to bed, and fell asleep. Hours later, I woke up soaked in what I thought was water, but it wasn't; it was gasoline. My mother had thrown gasoline on me and was about to light a match because she would instead burn me alive than have a homosexual son. Between prayers, she said: "A tree that does not bear fruit, God will cut it down." "Cursed is the man who sleeps with another man," and she asked God for mercy. After that, I wanted to die. I didn't understand why my mother, whom I loved so much, tried to burn me alive. I became depressed and decided to commit suicide. I grabbed my motorcycle and drove to the port of San José. I entered the sea, and there, in the middle of the waves, I wanted to drown, but then I reflected that it was not the right thing to do. After that, I decided to come to California. The "coyote" charged me $120,000 Quetzales (15,000 dollars.)

I don't know if you know, but people from Central America give us nicknames. I'll explain, look: since there are so many people, they give each of us a nickname. They gave me the nickname of "Panda." Others are called the "Sonics" or the "Pac-mans." The "coyotes" use these nicknames because when immigrants arrive at the border, they have to report to the drug traffickers, and since we come from different countries, each one receives money for each immigrant they cross. So everything already comes from there. They are identifications and connections. Do you get it? But let me continue telling you: there on the border, I saw unfortunate things. In the "Pandas" group, there was a beautiful girl who was abused several times by three desert guides. I also watched as a boy fell into the river, and one from the group jumped in and saved his life. I also watched as a boy suffered from a heart condition, and a guide wanted to leave him there in the desert. I heard him say, "Leave him there. Who is going to survive is going to survive." "The strongest survive." The migrant experience was traumatic, but we finally crossed. Sometime later, a woman brought me to Los Angeles. Then, I came to San Francisco, where I lived for two years. I like the city a lot. Here you are free.

Furthermore, the gay community is accepted, and there are very handsome men here. I love the vibe of the city. What do I miss most about Guatemala? Well, what I miss most is my mother.

Fernando, San Francisco, California

■Since I left my country, I have been avoiding violence. I am Bertín, Honduran, from Puerto Cortés■

Since I left my country, I have been avoiding violence. I am Bertín, Honduran, from Puerto Cortes. There, in Honduras, it is an obligation to join the gangs; otherwise, they beat you. I grew up without a dad (he abandoned us), but my mom took us out of poverty as best she could. She worked in a restaurant where the owner mistreated her. I watched how he talked to her and didn't pay her what she deserved. I remember that when I joined the gang, and they gave me 18 seconds of pure fucking beating, they told me: "You're already in the gang. We are your family, and you can count on us." The first favor I asked of them was to beat up the restaurant owner where my mother worked. I was very angry with him for the way he treated her. When I got there, I remembered feeling very happy hitting him. I didn't know how to explain it, but I felt thrilled. It was as if by hitting him, I was taking revenge on him, on misery, and on life itself. Then I told him: "You mistreated my mother again, I'll kill you." Over time, I picked up "cancer"; that is, I earned respect through violence. I hit people, businessmen, taxi drivers, or any enemy that gave us problems. We robbed people with money but none from the neighborhood. Of course, our neighborhood was sacred. We were going to hit other Chepos (gangs) or the Cobras (police officers). The local police were bribed. One day, my cousin, who already knew the way to the States, asked us if we would go with him. The truth is I already wanted to leave Honduras because they were close to killing me. I was a big problem for my mother, and if I stayed there, they would most likely kill me. By then, I was already smuggling drugs and weapons to El Salvador. The other opportunity I had was to become a professional soccer player with the Platense team from Honduras. I had the soccer talent or the level, but I did not pass the drug test since there, with the gangs, I used drugs such as marijuana, cocaine, and even heroin. I came with 1500 lempiras or about 50 dollars. When we arrived in Guatemala, I no longer had any money. We crossed the Suchiate River in a cayuco (a raft made of inflated chambers). They charged us 50 Quetzals. Before arriving in Chiapas, we heard that they were killing people there. That they were cutting off the heads of many immigrants. Everyone threatens you, and you start to feel fear. But there, the four of us said to ourselves: "If we are fearful we are going to divide the group, we have to grab our balls." In Chiapas, we got on the Train of Death, or the Beast as they called it. , I thought two things there: "Here I die, or I triumph." I remember contacting my mother on the phone and telling her: "Mom, take this call as a last goodbye, but I am going to give you and my brothers a better future." Deep down, I was afraid of never seeing her again. Above the Beast, we had about 2 or 3 days without food, but when passing through Lecheria, some women gave us food. They threw us food in bags. That helped us a lot. I remember falling off the train on the way, but since I was in good condition, I got back on, and the train was going at about 40 miles of speed. A few days later, we arrived at Cd. Juárez. There, I got into a fight and beat some gang members because they wanted to abuse a Panamanian female immigrant. On the border, we stayed to sleep in a store owned by a woman who allowed us to stay so that Mexican immigration would miss us. To make the long history short, our journey lasted almost two months. I remember that it was around noon when we decided to cross to El Paso, Texas. It was hot, but we needed to continue our journey. We got on the fence, got off, and started running through the hills. The "Migra" looked at us and followed us. But they couldn't catch us. We stayed hidden for almost 7 hours. From where we were, we watched the immigration helicopter circle around us. At around one thirty in the morning, they changed the guard shifts at the immigration booth, and we crossed. We arrived in Paso, Texas, around 3:00 or 4:00 in the morning. There, we stayed in a 7-Eleven. A worker who was there gave us a Coke, some snacks, bread, and cream cheese, but he also told us: "There are a lot of immigration officers here; get out of here quickly." Hours later, we arrived at a park where there were about 20 racist black people who said things to us, attacked us, and left there. Then we looked at a friend who realized we were immigrants and took us in his truck to Las Cruces, New Mexico. He told us: "Get on, I'll take you." I asked him, "What if you hand us over to the immigration?" He said: "How do you think I'm going to do this?" He took us to a migrant sanctuary. We stayed there for three days. Afterward, some boys told us to return to El Paso and take the train that would take us to Tucson, Arizona. We did this, and when we got to Tucson, what do you think happened? The "Migra" was checking the train wagons. I told my friends: "As soon as they open the door, we will jump." And so it was; the "Migra" opened the door, and the four of us jumped over their heads. We ran, we ran, and we ran. We escaped from them. Hours later, we arrived at another 7-Eleven. There, we saw a Mexican guy who recognized us as immigrants and took us to his house. He gave us clothes, gave us food, and let us sleep in the yard of his house. We stayed there for a week. He bought us train tickets that would take us to California. When we arrived in Los Angeles, I started crying. I made it. I'm not church-going, but thank God I'm where I am. I believe in God. I miss my mother a lot. I called her on the phone and got her out of the poverty in which she lived. You know, I, who didn't know my dad, who abandoned us when we were children, would like one day to create a shelter. I want to help children.

Salinas, California

■ **I still remember the trip: we went to Guatemala from Nicaragua. Unfortunately, the "coyote" abandoned us there in this country**■

My dad left Nicaragua in the middle of the war. The Nicaraguan Contras were looking for young people to fight against the Sandinista soldiers, and my father and uncle, seeing that situation, decided to leave the country. My dad immigrated to Los Angeles, and in his poverty, he was sleeping in the garbage disposals that were near restaurants and 7-Elevens. He later became a truck driver and moved to South San Francisco. He sent for my mother, my grandmother, and me when he settled down in 1990. By then, I was nine years old. I still remember the trip: from Nicaragua, we went to Guatemala. Unfortunately, the "coyote" abandoned us there in this country. Later, my mother told my father that another "coyote" would take us to

Mexico. We arrived in Mexico City, and from there, we went to Michoacán. An aunt, my dad's sister, who also lived here in San Francisco, had a boyfriend from the state of Michoacán, and he told his family that we would arrive there with them. Later, we crossed the border, and my dad picked us up from this side. Thirty-three years have passed since then, and, like my aunt, I married a Mexican, but he is from the state of Zacatecas. We have two daughters, Isabel and Catalina. My daughters and I will visit Nicaragua in a week, and I am happy to return.

Perla, Stockton, California

■It is my daughter who keeps me going forward to live here in this country■

My case is different because I am here for political asylum. There, I worked in an ice cream factory in the State of Mexico. I don't know if you know, but ice cream is sold a lot there. The bad thing about this is that extortions come when an ice cream shop becomes famous. Since I managed the sales and accounting of the business, it exposed me a lot. So I convinced my wife to come here because there was a lot of danger from the extortion. The American embassy examined our case and granted us a political asylum visa. My wife, daughter, and I emigrated here, but things have not turned out as I imagined. Shortly after arriving here, a guy started courting my wife. Right now, I live alone in an apartment. My ex-wife already lives with that man. I see my daughter regularly. She, my little girl, is my strength and my driving force. My daughter keeps me going forward and living here in this country.

Enrique, San Jose, California

■There, on one side of the Freeway, a trailer waiting for us that was driven by blonde, an American girl■

They caught me about five times there on the border of Tijuana and San Isidro in the 80's. But the funny thing was that the "Migra" at that time were mostly Americans who spoke Spanish well. They told us: "Don't worry, keep trying, and eventually you will make it." I dared to say to one of them: "Let me cross, don't be mean." And he answered us: "Don't worry, you will cross tomorrow." On the sixth time we tried, we were able to cross. A trailer was waiting for us on one side of the Freeway, driven by a blonde American girl. Since we were a group of 20 migrants, we all went standing straight in the trailer. The white girl drove the entire Freeway 5. We passed Los Angeles and Bakersfield, and she left us near Los Baños. From there, each one of us took our different routes. Some went north, others went south, and others went elsewhere. Seven years later, I had already gotten married. I received legal documents because my wife became an American citizen a year before, in '86, when Ronald Reagan gave amnesty to many undocumented immigrants. But as I say, it was through my wife that I became a legal resident. I owe my legal status to her.

Carlos, Fresno, California

■I like women, but they want to take my money away■

My name is Eron, and I am originally from Coachapa El Grande, Guerrero. They charged me 11,500 dollars to come to the United States. I crossed through Sonora, which took me four days and four nights. I work in the field cutting broccoli, and I recently paid what they lent me for the "coyote." I am married, and I have my wife and children in Guerrero. In field work, I earn 900 dollars a week. It's hard work. Sometimes we work 10 or 12 hours. Here, I feel lonely because I don't have anyone from my family. Occasionally, I come to the bar and distract myself by talking to or seeing women. You know what? I like women, but they want to take my money away. I don't know, but I must save it to send to my family.

Soledad, California

■I have been living here for a year. My dream is to return in 5 years and have a house, a truck, and my business■

When I came here, I didn't tell anyone; only my parents and my wife knew. When my brothers and cousins found out, they were looking for me all over San Cristóbal, but I was already arriving in Sonora (laughs). They sent me messages on the phone telling me: "Where are you? "We are all worried about you." And I told them: "I'm traveling." I told them this because if I didn't cross, I didn't want to feel ashamed when I returned. They charged me 12,000 dollars. A friend from Chiapas helped me, and he contacted me at the border. I gave 140,000 pesos as an advance, and now I only owe $2,500. I have been living here for a year. I live alone. I dream of returning in 5 years and having my house, a truck, and business. In San Cristóbal, I watched wealthy people, the ranchers, have cows, calves, goats, pigs, turkeys, and even deer. They buy, and they sell. My parents and my brothers are Tzeltal. They grew up in the indigenous community and speak the ancient language. Since I grew up in the city, I only speak Spanish. There in Chiapas, a lot of Americans and a lot of tourists visit the city and the beautiful Maya ruins.

Victor, Soledad, California

■I am getting ready to go back. I don't know where is going to be my next job because, as I told you, we have a contract of 6 months■

I have worked in many states here in the United States. I have been to Atlanta, Florida, the Carolinas, and Michigan, and right now, we are here in California, working in the field. My wife, children, and mother live with me here in San Luis Potosí. I live next to La Huasteca, a beautiful place where "you can touch heaven with your hands." You have your home there whenever you want. On one side of my house, you can see nature in its total plenitude. In this place, you feel peace and tranquility. I am getting ready to go back. I don't know where my next job will be because, as I told you, we have a contract for six months.

Hugo, Soledad, California

I■ am in a difficult situation. I don't have legal documents, and I haven't been able to see my mother for many years■

My name is Bartolomé, and I am originally from San Martin de Peras, Oaxaca. I crossed the Sonora border 15 years ago. It took me four days and four nights to cross. I only ate nachos (chips) with vinegar and water during the trip. Here, I met my wife, also from my indigenous community. I am 28 years old, and I work in picking strawberries. I live with my two sons, and my third child (daughter) will be born next month. I am in a difficult situation. I don't have legal documents, and I haven't been able to see my mother for many years. She misses me because we love each other very much. We speak in Mixteco since she feels more comfortable speaking her native language. I don't know when I will see her again. It is hard since my legal situation is not easy. I miss her so much. You can't imagine how much.

Salinas, California

■Can you spare some change to buy me a beer, fellow countryman? ■

My name is Kevin, and I work in the pea fields. I wouldn't say I like that we make each other less here. My own people make me feel less here because I am from Oaxaca. I no longer have dreams like before when I first came. Now, almost every weekend, I am always drunk. I don't have money right now for my hangover. When I have money, I spend it with whores, because women don't belong to anyone. I sang at parties a long time ago and felt good. Now I want to drink. You have legal documents and received unemployment benefits, but not me. Can you spare some change to buy me a beer, fellow countryman?

Greenfield, California

■ But what I found funny was that Chicanitos (Mexican-Americans) were darker than me■

I am from Sinaloa and immigrated to the United States as a child. I was 11 years old when I moved to Greenfield. Academically, I was prepared, so when my mother put me in school, I was ahead of my classmates. But you see, everywhere, some tremendous children make life impossible for you, and in elementary I was a victim of discrimination from some children. They looked at me ugly, insulted me, and called me offensive words like "paisa" or jagger, and that hurt me; it got to me. But what I found funny was that Chicanitos (Mexican-Americans) were darker than me. Today, I graduated from high school and am finishing a master's degree at the University of Sacramento. I don't know what happened exactly to those children. I understand that some ended up badly; they joined gangs, went to jail, or were killed. I don't judge them because many grew up without a dad, and that's hard. Here, many gang members do not have a good father figure, so they look for "gang brotherhood" as a form of protection. I also grew up without a dad there in Sinaloa, but as you know, one grows up differently in Mexico. My grandfather was my father, and thanks to him and my mother, who I admire so much, I could move forward.

Jose, Greenfield, California

■ I helped my son to get legal documents, but he doesn't like coming here even if he is a legal resident■

My name is Ramón, and I am originally from San Diego de Alejandrina, next to San Juan de los Lagos, where the Virgin Mary sanctuary is located. I come to work seasonally in the celery fields here in Soledad, and then I go back to my hometown. I helped my son get legal documents, but he doesn't like coming here, even though he is a legal resident. He is happy over there. I don't even know why I got him legal residency. Here, I make money and go back to my hometown for a few months with my family. How do I have fun over there? They're just talking, drinking with friends, and watching how life goes by.

Soledad, California

■It was like this for a long time until we grew up and told him that we were his real family■

Let me see how I should explain this. When my dad came from Mexico, he was already married and had a family there. Here in San Jose, he met my mother and got together. At first, my mother didn't tell him anything, but later, she didn't let him go to Mexico as often. It was like this for a long time until we grew up and told him we were his real family. As his daughter, I try to understand, and I know it is hard because he suffers. I don't judge him; it must be hard for my dad and the family he raised over there. My dad hasn't returned to Mexico for many years. I assume he still secretly sends a little money to that family. But here he has his real family, and he should be with us. I do not bring up this topic anymore.

Xochitl, San Jose, California

■The last time I went to Guadalajara, I saw how they cruelly treated Haitian immigrants■

I am from a little town near Zapotlanejo. I have lived here in Salinas for over 40 years, but I frequently return to my hometown. When I'm there, I like going to Tepatitlan, San Juan de los Lagos, San Miguel, and, of course, Guadalajara. The last time I visited the San Juan de Dios market, I saw how the Haitian immigrants worked. A woman was helping the owner of a business shop selling sandals, huaraches, and tennis shoes. The female owner of the business was scolding the "black girl." She was offended by her cruelty. I defended her because that was not right. I also watched the Haitian immigrants ask for money and try to help them earn something. It did make me sad how those poor Haitian immigrants suffered there in Guadalajara.

Jesus, Salinas, California

■Can you imagine seeing how the Day of the Dead is celebrated there in Janitzio...It's the most religious-cultural event there can be, don't you think so? ■

Look, I was born in Michoacán but raised in California, and even though I have lived here almost all my life, I don't feel like an American but a Mexican. The last time I went there I had a perfect time. I visited Patzcuaro and Janitzio. The simple truth is that Pazcuaro is beautiful; its architecture is fantastic, as if time had stopped, and its people are so friendly. And what I can tell you about Janitzio is that it is a magical place and very cultural. On that day, there were people from all over the world and many tourists. We made a long line at the cemetery to see how they celebrated the Day of the Dead. I don't know how to explain it, but that day was extraordinary. Can you imagine seeing how the Day of the Dead is celebrated there in Janitzio? I don't think there is another place like it. It's the most religious-cultural event there can be, don't you think so? And then I took my daughter. I feel very proud of my Mexican culture, and the best of all because I can share it with my children.

Leonardo, Salinas, California

■**I had to decide between the family I had in Mexico and the new family I have here in the United States**■

My name is Fermín, and I emigrated illegally 26 years ago. I frequently visited my parents and brothers in Mexico during my first years. I haven't been able to go for more than 20 years. I had to decide between my family in Mexico and my new family here in the United States. I am about to receive my legal documents from my daughter, who is an American citizen. They have delayed my residency as a punishment because, as I told you, I came and went back to Mexico many times without legal documents. Now, thanks to my daughter, I will have my legal residency. I hope the many times I went back illegally to my hometown don't affect me so much so I can fix things up and visit my family there in Michoacán again.

Soledad, California

■**It is a sad reality to leave your homeland, where most people loved to live**■

It is sad to leave the land where you were born, where most people loved to live, but for one reason or another, we had to go with uncertainty, sadness, and nostalgia. (Extract taken from a comment on Facebook)

Manuel, Salinas, California

■**In Mexico, they treated me nicely. You Mexicans are humble people. You are good people**■

I'm Henry, and I'm from Guatemala. I have been living here in the States for just over two years. Before coming to California, I lived in Toluca for almost two years. In Mexico, they treat me nicely. You Mexicans are humble people. You are good people. I was lucky to pass through Arizona without paying anything when I crossed the border. That day, I jumped the borderline. I saw that the "Migra" was distracted, and I crossed. I lived in Yuma for a while, working in lettuce fields. Now, I live in Salinas, and during the week, I work in the fields, and on the weekends, I sell hotdogs here in San Francisco.

San Francisco, California Pier 39

■You know? I brought my husband from El Salvador■

Hi, I'm Esperanza, and as my name indicates, I have always hoped (Esperanza in Spanish) to get to the North safely. I emigrated 34 years ago. I crossed three borders: Guatemala, Mexico, and the United States. I came during the Civil War (1985), leaving my husband with two small daughters. A friend who lived here lent me the money, and I decided to take the risk. After I managed to cross (in an inner tube along the Rio Grande), I started working here in the city, and sometime later, I sent money to my husband so he could come with my daughters. You know? I brought my husband from El Salvador. We eventually had a son born here in San Francisco when they crossed. He is an American citizen and part of his country's armed forces. Our son gave us a beautiful granddaughter who adorns this small Salvadoran family a little while ago.

San Francisco, California

How does it feel that Haitians and Venezuelans are living in my country of origin?■

My name is Jaime, and I am Dominican; my mother is Puerto Rican. I had no problems entering this country because of my mother's citizenship. I arrived in 1983, and gradually, I could adapt by learning the language and embracing certain American customs. Right now, many Haitians and Venezuelans are immigrating to my country of origin and working in cheap labor jobs. For me, it is OK that they seek refuge in the Dominican Republic or Mexico. I know right now there are Central Americans, Haitians, and Ukrainians in Tijuana making their communities while they emigrate here, and this should make us aware. The world is changing, and there is a lot of need. How do I feel that Haitians and Venezuelans are living in my country of origin? Well, if this country opened its doors to me, why shouldn't mine open its doors to others?

Salinas, California

■I don't know what you think, but one lives here as a machine, as a robot, and in a particular sense, life doesn't taste like anything to us■

My name is Víctor; I work in construction and am from Guanajuato. Have you ever wondered why time flies here? Not really; back in my hometown, I remember that time went slowly. People were not obsessed with time like we do here. Over there, you take your time and are not under so much pressure over there. Why is it? I don't know what you think, but one lives here as a machine, as a robot, and in a particular sense, life doesn't taste like anything to us. I feel that over there, although there is poverty, one feels more alive.

Stockton, California

■I am Karen Guadalupe. My mother named me after her name because I am a miracle of the Virgin■

For me, my mother is the person I respect and admire the most. Thanks to her, my brothers and I can live in this country. She, my mother, she alone brought us all here. We have always thanked her for her efforts in giving us this opportunity. I am Karen Guadalupe. My mother named me after her name because I am a miracle of the Virgin. I remember my mother telling me that as a child, I was about to die, and she made a Holy Promise to our Lady of Guadalupe so that I could be alive. And so it happened. I was saved, and my mother always said I was a miracle. However, the real miracle was my mother's kindness and bravery in risking everything and bringing us here. She is gone, but every time I pray, the memory of my mother lights up in my heart. I am Catholic, a believer in our Lady of Guadalupe, and bearing her name is an honor. I don't know, but I feel the same devotion I feel for the Virgin, and I feel it for the love of my mother. It is as if they were the same love but transformed into a tenderness that takes care of and protects me.

Salinas, California

■But as I tell you, I imagine their pain, but I didn't experience it■

My name is Juan, and I am from Miravalles, a small town near Acatlán de Juárez, Jalisco. Well, the simple truth is that I did not suffer like other immigrants because I did not experience the experience of crossing the border. Crossing through the desert, through the mountains, through the river must be hard as fuck. I arrived in the United States with legal residency thanks to my mother, who helped us obtain legal documents, but like I said, no matter how much I want to identify with my fellow citizens, I can't. But as I tell you, I imagine their pain, but I didn't experience it.

San Bernardino, California

■I separated from my wife and children. They live in Chicago, and I live here in California■

I am Cipriano, and where I am from, there are a lot of corn plants. It is good land. We are near the Nevado de Toluca. I don't know if you know that lands near volcanoes are very fertile. I go to Mexico every year. I separated from my wife and children. They live in Chicago, and I live here in California. My father lives in Tonatico, State of Mexico. I like to visit my dad, and when I am there, I am happy and at peace. Once I fix my unemployment papers, I will revisit him. There, I have some land that my nephew cultivates. There, I help him, and he helps himself. One day, he told me: "Uncle, thanks to you, I didn't have to migrate north."

Salinas, California

■Once I have my surgery, I will return to Morelia. I have saved a little money to open a bakery there in the city■

The truth is that I am already tired of living here in the United States. I have lived in this country for seven years but am getting ready to return. I suffer from a kidney problem for which I have to undergo blood dialysis every two days. I am already on the waiting list to receive a new kidney. Once they call me and I have my surgery, I will return to Morelia. I have saved a little money to open a bakery there in the city. With God's help, I am waiting for a donor; as soon as this happens, I will return.

Raudel, Prundale, California

■As I told you in the army, there are racial tensions between the various ethnic groups■

There is also discrimination and racism in the armed forces. Race plays a huge role in whether you rise through the ranks. I remember an American lieutenant who told me: "when you wear a military uniform, don't speak

Spanish." That turned me on. There are also tensions between Mexicans and Mexican Americans since some Chicanos feel more American than those of us who speak Spanish. As I told you, there in the army, there are racial tensions between the various ethnic groups.

Soledad, California

■The truth is that it is nice to cross all these Mexican states to get to your hometown■

No one is like our parents, and I often visit them in Mexico. Now, I only have two sisters there. Now that my parents are gone, it's not the same, but I still visit Mexico. I remember driving to Mexico and passing through Chihuahua, Durango, Zacatecas, Aguascalientes, and Jalisco until I reached Guanajuato. The truth is that it is nice to cross all these Mexican states to get to your hometown; when you drive, you are looking at all kinds of landscapes: desert, mountains, valleys, and nature itself. I liked going through Chihuahua because there, near Jiménez, they sold some tasty burritos. I'm going to Mexico again this December, but by plane, not driving like I did before. Going to Mexico at Christmas is very nice. I hope this time I go they will cook me some tamales or a good pozolito.

Carlos, Stockton, California

■I am Saúl, indigenous, and I was born in Oaxaca. My son was born here, but he doesn't like to speak either Triqui or Spanish■

I last went to Cerro de Cabeza about nine years ago. My parents live there. In Oaxaca, many small towns and villages exist in different indigenous communities. I belong to the Triqui community. There are two distinct dialects of the Triqui language: the high and the low. The difference is that the high Triqui is spoken faster than the low Triqui we speak. My son was born here but doesn't prefer to talk about anything other than Triqui or Spanish; he prefers to speak English. Cerro de Cabeza is very different from here. There is a communal leader there that we obey. The last time we went with my brothers and I, they asked us for money. Our community leader is allied with some official government that forces us to hold marches and protests, and we don't like that. The Triqui community also has communal leaders, but it is different here. The Triquis who live here no longer trust the community leaders because they force us to do things we don't like when we go back.

Greenfield, California.

■I am the one in charge of my house. It doesn't matter that our children are academically educated; we shouldn't let them get over our heads■

Education has always been the most important thing for me, and I had to fight for my three daughters to go to college. If I tell you, you'll even laugh. Look, I have always believed you have to have a firm hand with children so they don't get out of line. It was challenging for my girls to correct and help them. Depending on a man is not good; tell me that I had a violent one, and that's why I left him. No, not that. Nothing of that. I wanted my daughters to have a college degree in their hands, and if they later wanted to get married, it would be their business. But let me continue telling you. Since emigrating from Teocaltiche, Jalisco, at 17, I have always lived in East Los Angeles.

I worked several jobs. I worked in a potato packing house, in clothing factories with an elegant clothing designer, and in cleaning offices. But I was always concerned about my daughters' education. I was always worried about their behavior; I was always informed about her grades, so that's involved in the parents' meetings. We were called the East Los Angeles Mothers Organization. Can I tell you something? I got to the point of taking a belt to school. I opened the classroom door and told the teacher: "Excuse me," and showed them the belt, threatening them to study hard. Thanks to that, my three daughters graduated from college, and my grandchildren followed the same path.

Oh, one more thing: I am in charge of my house. It doesn't mean children have a college degree; we shouldn't let them be over our heads. As I'm telling you my story, I remember when two of my daughters started arguing about a college topic or a class. They raised their voices, and they wouldn't shoot up. I told them: "Even if I have to get up on a table to be above you, I am the one in charge here." The other day, my grandson in a restaurant said to me: "Grandma, you don't have an academic education?" And I tell him: "Look, son; "have more education in my feet than you do in your head. Don't correDon't in front of people again. If you will do it, do it at home, but never there because I am the boss in my house." Look at t" is a silly boy.

Juanita Barrera, Los Angeles, California

■ Being an immigrant and being part of the United States Army made me see life different■

I am Eleno and I am from Guadalajara. There, I studied middle school and high school, but then I realized that there was a lot of mental and social corruption among people in the city. I wouldn't say I liked that, and in 1978, at the age of 21, I immigrated to the USA. I joined the American Army and had a military career here. Being part of the armed forces for over 20 years made me grow. In the army, they helped me see life very differently. I worked in the medical service, helping many people around the world. I'll give you an example: when the Sandinista war was going on in Nicaragua, we supported the Nicaraguan Contras. As medical personnel, we provided help to people on the border between El Salvador and Honduras. Our military base was in Panama, and when the neighboring borders of Nicaragua were hit, we offered help and advice to these communities. Another scenario where I feel the army made me see life differently was when I was in Turkey. In that nation, I was pretty surprised by the treatment of women by Muslims. They did not have rights like European or American women. It seems not; being an immigrant and part of the United States Army made me see life differently.

Salinas, California

■You say that the best Carnitas are cooked in Tepatitlan, Jalisco? I can tell right away that you have never been in Quiroga, Michoacan, right?■

The simple truth is that when I go to Mexico, I like wandering around and visiting different small towns. There are many very picturesque little towns there. In Michoacán, Jalisco, Guanajuato and Zacatecas. But the truth, the simple truth, I liked Nochistlán. Not because you are from there but because the people of that town are very kind and polite. In addition, the birria (goat meat dish) on the market is the best. It's perfect, Birria, that's in Nochistlan. On to another thing: you say that the best Carnitas are cooked in Tepatitlan? I can tell you have never been to Quiroga, Michoacan, right?

Sergio, Salinas, California

■Life here for older people can be very dull because most of the time they are alone■

When my parents retired, my dad wanted to return to Mexico, but my mom wanted to stay with us. My dad said that he was already fed up with this country and that if my mom didn't want to go with him, he was going to go live there by himself. This is a problem for many migrant older couples and family members who need help. Look, I know of couples that separated for that reason. Some men stay with their wives here, but they want to be over there. I also know of men who went there and now live with a younger woman. Others come and go, but they need to adapt themselves here when they return. I also know of women whose husbands are in Mexico who are here caring for their grandchildren. I feel like some family members use them to take care of their children. The truth for me is that people think free over there. They spend their life talking to people and visiting their relatives, or if they have a ranch with animals, they have a great time there. But not here; life here for older people can be very dull because, most of the time, they are alone.

Adan, King City, California

■Hey, is your friend's father going to be buried here or there in Mexico?■

-Did you guys celebrate the Three Holy Kings Day?
-Yes, but not at my house, but at a friend's. They brought 2 Three Holy Kings Day bread there, and guess what? I got the baby Jesus figure.
-Well, be ready to cook the tamales. Hey, didn't your friend's dad die?
-Yes, he did. They brought Three Holy Kings bread there to my friend's house.
-Is her dad going to be buried here or in Mexico?
- Well, my friend said they are doing a fundraiser to take him to Chupicuaro, Guanajuato.

Soledad, California

■Today, my country is different since Bukele put a heavy hand on all the gangs■

I'm Walter, and I've been living in California for 12 years. I'm from San Salvador, the capital of El Salvador. In 2010, the entire country was facing a lot of insecurity and violence due to gangs. In different neighborhoods, a sense of violence and insecurity was present. There in San Salvador, you couldn't walk three blocks because there was the danger of being jumped by the gangs. Today, my country is different since Bukele put a heavy hand on all the gangs. Before, it was believed that if they imprisoned and mixed the two gangs, they would kill each other, but that has not happened. Our president has given peace to our country. I can't go back because of my immigrant status, but one day, I want to go and breathe that tranquility I couldn't experience because of the gangs. As I told you, when I lived in El Salvador, there was a lot of violence and insecurity not only in the capital but in the different municipalities of the country.

Seaside, California

■"I promised my family that I would cross the border." Believe me; I have those words in me. I carry them with me. They are in me■

One of the saddest things I have experienced was there at the border when I saw a man from Mexico City die. I watched him die because he fell from the top of the fence. As I said, he fell off the wall, and his stomach exploded. He threw everything he had in his belly. It's a green thing, really nasty. The last words I heard him saying were: "I promised my family I would cross the border." Believe me; I have those words in me. I carry them with me. They are in me. I don't know, but I feel that many people in this country do not realize or appreciate the value of life. Or might it be because I had that experience there on the border?

Ismael, Salinas, California

■The "coyote" said: "She must have died 3 or 4 hours ago. Most likely, she was bitten by a snake."■

Everyone who crossed the border will never forget what they experienced. Look, I'm from La Purísima Concepción, a little town there in Guanajuato. My migrant experience is this: my grandfather gathered people there in town to bring them here, and because of that, I didn't pay anything. During that time, I'm talking about 2004, people paid between $1,000 and 1,200 dollars to cross the border, but since my grandfather brought many people from town, they didn't charge me anything. It took us about three days to cross. We crossed through Alta, Sonora, but what you see along the way is worth telling. We were like 180 people. Women were in front, and the men were in the back in an extensive line in a row of people looking at each other. We saw a long line of people coming down when we were going up a hill. On the way, we saw a dead woman on the side of the road. The "coyote" said: "She must have died 3 or 4 hours ago. Most likely, she was bitten by a snake." It scared me to hear that, but we had to continue. Of course, the "coyote" was responsible and constantly reassured us about what would help us cross. Those words gave us hope. Quite frankly, that "coyote" was very good. He was always very positive and eager to help us.

He told us: "I'm going to cross you; we are going to make it." I remember that one man got hurt; I think he sprained his ankle, and he carried him. When he got tired, he would tell other immigrants to help him, and we would all have him.

We arrived sort of like a factory or big building, and there were already about eight vans waiting for us. They were white vans, brand new, but without seats. We all got in the truck and sat the best we could. I remember we avoided the San Clemente checkpoint, and the "coyote" told us: "That's it, we did it." I remember that they gave us burritos and sandwiches to eat during the trip. Then, we arrived in Visalia at an orange ranch with two houses. Those houses were not furnished; they were empty. We stayed there. In those two houses, other immigrants and women cooked to feed us. I remember they asked us: "Who is going to Sacramento? Oakland? Salinas? Those of us who were going to Salinas raised our hands, and they put us in a van. And those who went to other places got into different vans, and so on. That was almost 20 years ago. Look, there in Mexico, I have a son that I have not seen or raised because of my undocumented situation, but I have always sent him money, and I have a house under his name. He lives there with his mother. She and I are no longer together, but my son's mother lives there. And it's OK. I just told my employer to get my son a contract permit. I want to bring him here. He does want to come. Let's see if they can give him a permit, and I'll get it.

Juan José, Soledad, California

■Since I did not want to endanger my family's life, I decided to emigrate. I went to the American consulate there in Bogotá, and they gave me a tourist visa■

I am from Medellín in the department of Antioquia. When I lived there, I was a university student, and I was proselytizing for a political candidate. The FARC (Revolutionary Armed Forces of Colombia) guerrilla began to persecute me and scare me with threats. Since I did not want to endanger my family's life, I emigrated. I went to the American consulate in Bogotá, where they gave me a tourist visa. I traveled to Miami and lived in Tampa for five years until I decided to come to California. Here, I met my wife, and we have a beautiful daughter. My wife is Mexican (he blushes). In recent years, I have been returning to Colombia to visit my parents. When I'm there, I like to watch soccer games. I feel very Colombian watching the games there at the Atlético Nacional stadium. Do you know something? Do you remember Andrés Escobar? The Colombian national soccer team defender who scored an own goal in the '94 World Cup? The one the drug traffickers ordered to be murdered? There in Medellín, my family and his family went to the same church.

Soledad, California

∎It's good that they have made César Chávez and Dolores Huerta heroes, but I can't forget the sweat and the fear of my single mother∎

Look, don't take this the wrong way, but I don't have any respect or admiration for César Chávez or Dolores Huerta. Do you know why? Because I still remember how here in Soledad, my mother, being a single mother, had to work very hard, and those bastard strikers insulted and attacked the people who had to work in the fields. My mother had to wake up my brothers to accompany her because all the strikers insulted her and threw stones at them when they got on the agricultural bus. In part, it is good that they have made César Chávez and Dolores Huerta heroes, but I cannot and should not forget my single mother's sweat and fear and how much she suffered with their followers.

Martha, Soledad, California

∎Excuse me, how much is the dollar right now in pesos?∎

-Excuse me, how much is the dollar right now in pesos?
-If you send $100, it is worth 19.05 pesos. But if you send more than $150, it is worth $18.80.
-And why is that? If I send $100, it is worth $19.05; if I send more than $150, it is $18.80. I don't understand.
-Well, they just started doing it this year.
-And why is that? (Annoyed)
-Well, I don't know, I am sorry. At the bakery, I only help people send money using this computer.

Soledad, California

∎In 2019, my husband and I were almost burned to death in a fire at our business∎

We are Nora and Félix from Veracruz. Like all immigrants, we have a painful story but also full of hope. We emigrated 33 years ago, and we have not yet been able to get our legal residency. I remember that when we crossed the border, we had to go through a sewage canal full of mud. My

husband was in front, and I was in the back. I remember that as I crossed, I sank deeper and deeper until the waters covered me, and little by little, I lost consciousness. I remember a tall, white man with a striped shirt like a cowboy pulled me out by my hair. We crossed the border in July 1990. My husband and I have always been very close. We used to live in San José, but now we live here in Gilroy and have our little business. But as life is, you won't believe me; in 2019, my husband and I almost burned to death in a fire at our company. Look, let me explain: we slept in the back of our store, and some homeless or bad people burned our business from the back. I remember we were asleep, and our little dog "Benjamín" would climb onto my chest, scratch me with his little hands, and moan to let us know something was happening. The fire occurred on December 12 at 3:55 in the morning, the day of our Lady of Guadalupe. "Benji" saved us; he was the one who woke us up. But what seems more strange or miraculous to me is that that day, I had my cell phone there next to me, and you won't believe me, but the cell phone recorded the image of our Lady of Guadalupe. Yes, indeed, the image of the Virgen was recorded on my cell phone.
The audio of the fire was also recorded. I don't know if I know the Telemundo News journalist Sandy Santos. She would report on what happened, but ultimately, she couldn't. I think they prevented her from doing it. We also went through the Pandemic. That wasn't lovely.
As you know, the Covid-19 thing was ugly for everyone, right? But then one has to move on, and life goes on. As long as I stay together, we can endure anything. I am sorry, I almost forgot: we have a 41-year-old son and a grandson we love very much. Our little grandson makes our lives happy and is another driving force to keep going.

Gilroy, California

■What do I think of Governor Ron DeSantis' Anti-immigrant Law?■

I am Luis, Dominican. As a child, my father took me off the island to take us to the Bronx. I grew up there until my dad decided to send me back to the island because of the violence and drug addiction that existed in the city. Years later, I returned to New York and continued experiencing the same violence. I decided to come to Florida and feel more comfortable here. At the Orlando airport, I work helping with people's suitcases and taking them to their cars. I'm also an Uber driver, earning more money from this side job. What do I think of Governor Ron DeSantis' Anti-immigrant Law? Well, here, it has affected many construction workers, gardeners, and people who work in agriculture, especially Mexicans who work in the orange fields, picking up strawberries or watermelons. I have my legal documents, so I am not afraid, but there are many Latino immigrants who live in great fear.

Orlando, Florida

■I hope in God, Amen, that so be it, everything goes better for us as a family■

I am Marcela. My husband and I are Venezuelans and have been living here in Florida for two years. We arrived with a tourist visa but requested political asylum while using Ethereum. We are in the process; I hope God, Amen, grants us legal residency. Due to the difficult situation in my country, my children immigrated to Argentina. There, they were studying and working, and everything was going well, but with COVID-19, everything fell apart. I don't know if you know that the Argentine economy is terrible, and this affected my children. My husband and I just contacted them, and we believe that the best solution would be for them to return to Venezuela and apply for a tourist visa like we did. I hope in God, Amen, that everything improves for us as a family. Why do I repeat so much, "I hope in God, Amen, that it will be so?" Look, you see: my husband is Mormon, and I was Catholic, but for the love of him, I became Mormon. I think my oldest son is a bit Mormon, but my daughter is Catholic. But you see, young people are growing up with different ideas, and that's fine, but we are a Venezuelan family that is different from one another. Each member is living a different migrant experience. But as I told you before, I have a lot of faith in God; amen, so be it, and soon we will be reunited here in this great country.

Orlando, Florida

■Many people from here in Florida went to other states; most went to Tennessee■

I am Susana, from Oaxaca; my husband and I have lived in Florida for over 20 years. He is a gardener, and I work here cleaning the hotel rooms. Well, as I told you, we've been working hard here since we emigrated. You know what? Where we are from, many languages and dialects are spoken. I grew up speaking Amuzgo and later Spanish. My husband is from another community but does not speak indigenous languages. Can I tell you something? In these 20 years, I have forgotten the language of my ancestors, but I already speak a little English because I practice with my children. We have four, and one of them is already going to university. She wants to be a doctor, and the one after her wants to be a dentist. The other two don't know, but I see that they want to follow the example of their two sisters. You know what? With this governor (Ron DeSantis) and his Anti-immigrant Law, many people from here in Florida left for other states. Most went to Tennessee. My husband and I were also thinking of leaving, but we remained strong and decided to stay. We didn't want to affect our daughters, who are doing well in school. It was a difficult decision, but my husband and I are together. Whatever happens, happens, don't you think so?

Orlando, Florida

■**How is Chile right now? Everything is going wrong: there are protests, violence, and all kinds of robberies with this new communist government**■

I'm Héctor, Chilean; I live in Orlando and work for American Airlines. How is Chile right now? Everything is going wrong: there are protests, violence, and all kinds of robberies with this new communist government. There is a crime, drug trafficking, and a socialist mafia that controls everything. There are Mexican drug cartels between the border of Chile and Argentina. Things are bad. This would be changed, as my general said, "with a heavy hand." I grew up in Chile, and my dad worked in a government office. He had no problem with Pinochet's military dictatorship. There, they killed those who were unruly, but they didn't do anything to those who behaved well. I remember one time my father mentioned some words from the general that said: "When the communists govern you, you will realize how right we were." Well, look, the same thing is happening in my country, Chile. Everything is a mess.

Orlando, Florida

■**I don't speak Spanish, but I understand it. I know I need to improve it, and that's why I conduct myself in English**■

I am Francisco, Puerto Rican, and have lived in many places. I was born on the island, but we have moved constantly since my dad belonged to the United States Navy. I don't speak Spanish, but I understand it. I need to improve it so I can conduct myself more effectively in English. I can tell you: I play rugby, and I love it. I played it professionally in different parts of the world. Visit London and Scotland to play this beautiful sport. I didn't achieve my dream, but I got to travel a lot. Let me tell you, I know

California. I lived in Visalia and went to school there. There, I got my associate's degree. There, you know, there are many Mexicans. How hard-working these people are. Of course, they took out their grills every weekend and had their parties. You Mexicans are pleased. Well, as I told you, I like Rugby there, and even though I no longer practice, I still go to the gym to stay in shape. I currently work in this restaurant, but I want something better. Well, I leave you, and again, Welcome to Florida.

Orlando, Florida

■What do I think about Maduro? Maduro only brought disorder and chaos. There is hunger, poverty, and total instability in Venezuela■

I am Carlos, Venezuelan, an Uber driver, and I am investing in the stock market. My father passed away in Venezuela, and I brought my mother to Florida two years ago. We came with a tourist visa, and shortly after, we requested political asylum. Right now, we are in the process. Things will work out for us. I am optimistic, and things are going in the right direction. When I first arrived, I worked in construction, but then I enrolled in school to learn English and take courses on the stock market. I'm already learning a lot; in a transaction I recently made, I won 4000 dollars in 10 minutes. I buy and sell. I wouldn't say I like to bet a lot; I take precautions. What is the most I have lost?

I once lost 2000 dollars in 3 minutes and quit right away. Only 5% of those who start as investors stay in this business. And that wants to be me. What do I think about Maduro? Maduro only brought disorder and chaos. There is hunger, poverty, and total instability in Venezuela. What do you want me to think? Things are not going well there. Well, as I told you, my mother and I are here requesting political asylum. The only bad thing is that we cannot leave the country in this situation. But now that I think about it, why would I want to leave the United States?

Orlando, Florida

■How cool that many people speak Spanish here in Florida■

I am Cielo, Colombian. I am happy to be here in Orlando, where many Latinos exist. From the first moment I arrived, everyone made me feel excellent. How cool that so many people here in Florida speak Spanish. I am excited by the idea of learning English. It's only been seven months since I emigrated, but I'm already learning a little of the language. I love Florida; here, I feel the warmth and friendship of all the Latinos. We are from all over Cuba, Venezuela, Ecuador, Puerto Rico, the Dominican Republic, Mexico, Panama, and all the Latin American countries.

Orlando, Florida

■Do you know the Salvadoran army and the guerrillas recruited children to fight the war?■

I am Charley, Ecuadorian, but I consider myself an American because my parents brought me to this country at a very young age. I grew up, studied, and lived in New York until I decided to come to Florida. Here I met my wife, she is Salvadoran. She did suffer when crossing the border. She doesn't want to tell me about her migrant experience. I don't ask her that much out of respect, but I know she experienced horrendous things. She told me that her family suffered a lot during the war. Were you aware that El Salvador experienced a war? Well, in those twelve years of civil war, my wife's family and many people experienced many atrocities. Do you know the Salvadoran army and the guerrillas recruited children to fight? I don't know if you've seen the movie, what's the title? I think the film is called Innocent Voices. Well, my wife lived the same story as the child: poverty, violence, death, and emigration.

Orlando, Florida

I often return to Guatemala to visit my parents and brothers, who have already retired from the Armed Forces■.

I am Guatemalan, my name is José, and I have lived in Florida for over 35 years. You will not believe why I am here in this country. Look, let me explain: I come from a military family. There, in Guatemala, there were also communist guerrillas such as the Farabundo Martí National Liberation Front (FMLN) of El Salvador. My uncles and older brothers were part of the Guatemalan army. I greatly admired my military relatives, but my mother thought it was hazardous for me to enlist in the Armed Forces. At that time, I was 17 years old. I always had a vocation as a soldier, but my mother's fear, naivety, and lack of courage made me give up. Afterwards, everything is history. The Guatemalan guerrillas disappeared, as did the Salvadoran ones. I live here in Florida, married, with children, and my wife, whom I met in this country. I often return to Guatemala to visit my parents and brothers, who have already retired from the Armed Forces. I don't know, but now I wonder what would have happened to me if I had enlisted in my country's army. I wouldn't say I like to stir up my past because what's done is done. I am grateful for the opportunity this nation gave me, but I can never forget the history or my Chapín culture.

Orlando, Florida

■**-Are you Cuban?**
-Yes, how did you know?■

- How's your day? Are you Cuban?
- Yes, how did you know?
- Because of your accent. Tell me something about your life.
- I'm going to rest now; I'm exhausted.

Orlando, Florida

■**Why am I going to Mexico now? Maybe I have a great-uncle or an aunt over there, but as I told you, I already consider myself from this country**■Well, the truth is, I am already from this country. Can you imagine? I have lived here for more than 50 years. Yes, I was born in Jalisco and raised in San Luis, but with so much time here, my children and grandchildren were born here. Now, why am I going to Mexico? Maybe I have a great-uncle or an aunt over there, but as I told you, I already consider myself from this country.

Jesus, Salinas, California

■**The truth is I'm not going back. I don't have a face. What if I miss my daughter? Well, yes, even if I have no memories of her**■

I left my wife there with a newborn girl. I promised him that I would soon return and that we would get out of the poverty in which we lived. Sadly, I couldn't keep that promise. It's been seven years, and I haven't been able or willing to return. My ex-wife already lives with another partner, but believe me or not, I still send her money for my daughter. The truth is I'm not going back. I don't have a face. What if I miss my daughter? Well, yes, even if I have no memories of her. What if I continue sending him money? Well, yes, I feel that it is my duty as a father.

■**I feel that many of us who were born here can be victims of both cultures**■

What bothers me a lot is that Mexicans who were born in Mexico call us Pochos, and they feel more Mexican than you. When you speak improper Spanish, they correct you in front of everyone and humiliate you. It's as if they feel superior because they speak Spanish better than we do. Then, I think that Americans feel superior to us because we're not American enough. After all, we speak English with an accent. I believe that many of us who were born here can be victims of both cultures.

Jose, Salinas, California

■I've never seen my dad so happy; it's like he's gone back in time■

I had never seen my dad as happy as when we went to Mexico this last time. My dad is from a small village far from the main town. Where he was born and raised, there are a few tiny houses, a lot of land, and a lot of trees and hills. But when we were there, my dad's face was different. I've never seen him so happy; he's returned in time. He was in another time. Do you know what I mean? In another distant and different time. There he was, happy, in a time where I did not belong.

Miriam, Gonzales, California

■This is the case for many migrant families from La Sauceda and Tateposco, Jalisco■

Many emigrating from Mexico to the United States come from brother towns. These people have families in common, and when communities are created here in the States, the rivalries or differences continue. These hatreds continue to be accentuated here, and these quarrels contaminate the new generations. That is the case of many migrant families from La Sauceda and Tateposco, Jalisco.

Daniel, Salinas, California

■Do I have a relative who is involved in drug trafficking? Yes, of course, like many■

Do I have a relative who is involved in drug trafficking? Yes, of course, like many. I can assure you that many of the Mexican immigrants who live in this country have a family member who works in illegal drug business sales. These individuals are good people with their families. They give love and financial help because they know the needs. They usually distance themselves from the family to avoid getting them into trouble. They have chosen that type of life and are very discreet people. They help whoever they can because they know about poverty and recognize they are living a dangerous life.

Anonymous, Oakland, California.

■We are adopting a new bicultural identity because we love where we are, but we also love where we come from■

What do you think of Americans who are angry with Mexican or Latino immigrants for not fully adopting the Anglo-Saxon culture of this country? What do I think? Let them raise historical awareness and remember that this was once part of Mexico. Furthermore, we are living in a different historical moment where globalization is changing nationalist identities around the world. Here in the United States, Mexicans, like many Hispanic Americans, are preserving our language, our religion, and our values , and we are adopting a new bicultural identity. Let it be understood that we love where we are but also where we come from.

Hartnell, College, Professor

■I don't know if you know that Portuguese and Spanish are very similar; therefore speaking Spanish with them, I made myself understood■

My mother is from Jalisco, and my father is from Durango, but I grew up in Mexicali. When I was 11, I immigrated to Turlock, California, with my parents. There, I entered school. I remember that in elementary school, only one child spoke Spanish. The vast majority were all children of Portuguese immigrants. I don't know if you know that Portuguese and Spanish are very similar; speaking Spanish with them made me understand. Time passed, and little by little, I learned English. You know what? As a curious fact, in that school, a teacher spoke seven languages. In his class, he communicated with us in English, Spanish, Portuguese, and, I think, even Italian. That teacher was very good with us and, as I told you, he spoke many languages. There, I realized the importance of being bilingual.

Luis, Salinas, California

■**"Son, we haven't seen each other in an eternity. Time flies. I keep in my heart the hope of one day seeing you again"** ■

I came to Home Depot to look for a job. As you can see, many people here are waiting to be contacted. We do everything: construction, gardening, electricity, plumbing, and painting. Today, I wasn't lucky; they didn't contact me, but it was all right. What's my name? My name is Marciano Puaj and I am from Oaxaca. There you have your house if you ever visit us. I have been living in California for more than 18 years. I met my wife here, and my children were born here. My mother lives in Oaxaca, and every time I talk to her on the phone, she says: "Son, we haven't seen each other in an eternity. Time flies. I keep in my heart the hope of one day seeing you again." I carried these words with me. Do you know something? Notice what my mother told me: "We haven't seen each other in an eternity." And for me, here in the States, time flies.

Seaside, California

■**I feel like I am the most Mexican of Spaniards. I love the history of Spain and Mexico**■

My migrant experience is very different from that of other Ibero-Americans. Unlike them, I emigrated from Madrid to New York with a consular visa. My wife is an American, and I could come to the United States by marrying her in Spain. I studied at the University of Salamanca and met her there while she was studying foreign languages. I have lived here since 1983. Look how crazy 40 years have passed. I have met hundreds of Mexicans who have offered me their friendship here. I feel like I am the most Mexican of Spaniards. I love the history of Spain and Mexico. In schools, they must teach the natural history of Ibero-Americans: they are not Latinos or Hispanics, but Ibero-Americans. Mexicans must know their history well so they are not forced to repeat it. What do I think of bullfighting? It is an art, a Spanish tradition that must be preserved. If they want to prohibit it in Catalonia, they should do so but not impose this attitude on all the Spanish people.
Furthermore, the Fiesta Brava is the heritage of Spain and Mexico, Peru, Colombia, and parts of Portugal and France. They shouldn't ban it. What is my opinion on Hugo Sánchez? Hugo is one of the greatest soccer players in the world who has set foot on Spanish soil. Hugo Sánchez is a man, a

macho, a resilient athlete. Talking about him in Spain is talking about soccer.

Javier, Soledad, California

■**We sent money to my mother so my younger brothers could continue studying. That is how three of them graduated from university**■

We grew up with many needs, and because we were the three oldest brothers, my father decided to bring us to the United States in 1964. We worked in San Jose, Stockton, Oxnard, Yuma, El Centro, and Salinas. We always did fieldwork: grapes, peaches, but mainly lettuce. So we went back and forth between Zacatecas and California for many years. For this same reason, some of our children were born here, and others were born in Mexico. While working, I remember that my brother Abel and I (twins) sent money to my mother so that my younger brothers could continue studying. That is how three of them graduated from university: two as teachers and one as a doctor.

Since I have always liked politics and history, I have read and continue reading magazines like Selecciones, La Presencia de México, and Proceso. Well, I have always wanted to be informed. Since I could only finish elementary school, I always wanted to know a little about everything to defend myself and express myself better. That is why I read. It's perfect to read because you can see and share many things with others. Not to make them feel less but to inform them of important things. Well, that's how I think, right? As I said, my brothers and I were always happy to support those who stayed there. Today, they have careers, and I am glad to have helped them a little. I think that's how my brothers Abel and Pedro feel, too, since they also contributed so that the younger ones could graduate from university.

Javier, Nochistlán, Zacatecas

■**I was a soldier. Now, remembering it makes me very sad because the Salvadoran people were deceived. You understand me. We were deceived**■

To understand why many Salvadorans emigrate, you must know the natural history of the Civil War. I fought that war for four years. I was a soldier. Now, remembering it makes me very sad because the Salvadoran people were deceived. You understand me. We were deceived. That war should not have happened; it was in the interests of Russia and the United States.

On the one hand, we were the soldiers who were advised and armed by the policies of Jimmy Carter and, later, Ronald Reagan. While the communist guerrilla of the Farabundo Martí National Liberation Front, the FMLN, was financed by Russia through Cuba and Nicaragua. Many people suffered. Families were destroyed, and the worst of all is that you, as a soldier, do not know who your enemies are since fighting against the guerrillas was not easy since they were not in uniform. The problem with fighting this type of war is that any person, any civilian, can be your enemy because, as I told you, they did not wear uniforms. It was a cruel war, and I believe more than 75,000 people died. I was 17 when I joined the army. It was difficult there; you had to get up early to exercise and didn't know when the next fight would be. What impressed me was that the Americans who taught us spoke to us in perfect, badass Spanish and they were white. That surprised me a lot. Already in the middle of the war in 1989, my brother, who lived here in California, came for me. He arrived in San Salvador and waited for me in a hotel there. He told me not to say goodbye to my mother (tears in the interviewee), that she was going to cry a lot, and that it was going to cause her great sadness. That hurt me a lot, but I listened to my brother. I crossed through Texas.

Crossing was easy; there were no problems. I would like you to know that the movie Innocent Voices tells false things. You have to know the history well. The Salvadoran army never recruited children to fight against the guerrillas; that is false. The FMLN did, but the military did not. In my detachment, I was one of the youngest, and I never saw 12-year-old children. Today, so many years have passed, and when I remember, it makes me very sad. Sorry for crying, but our people were deceived, and it makes me feel helpless to know that I was very young and experienced that.

Efrain, Salinas, California.

MIGRANT TRAGEDIES

Coalinga Tragedy 1948

8 Braceros and undocumented Mexican immigrants died on January 28, 1948, when a plane crashed 20 miles west of Coalinga in Fresno County. Woody Guthrie, an American social singer, upon learning that the

newspapers and radio did not mention the names of the Mexican victims, wrote his iconic song "Deportees."

List of the undocumented Mexican immigrants and Americans who died in the airplane accident of 1948

Miguel Negrete Álvarez
Tomás Aviña de Gracia
Francisco Llamas Durán
Santiago García Elizondo
Rosalío Padilla Estrada
Tomás Padilla Márquez
Bernabé López García
Salvador Sandoval Hernández
Severo Medina Lara
Elías Trujillo Macías
José Rodríguez Macías
Luis López Medina
Manuel Calderón Merino
Luis Cuevas Miranda
Martín Razo Navarro
Ignacio Pérez Navarro
Román Ochoa Ochoa
Ramón Paredes González
Guadalupe Ramírez Lara
Apolonio Ramírez Placencia
Alberto Carlos Raygoza
Guadalupe Hernández Rodríguez
María Santana Rodríguez
Juan Valenzuela Ruiz
Wenceslao Flores Ruiz
José Valdivia Sánchez
Jesús Meza Santos
Baldomero Márquez Torres
Frank Atkinson (pilot)
Marion Ewing (co-pilot)
Lillian Atkinson (Flight attendant)
Frank Chaffin (INS guard)

Grave of the 28 Mexican braceros killed in the plane crash

Holy Cross Cemetery, Fresno, California

■It was a sad cry but also happy because I had always wanted to visit that cemetery to pay tribute to those 28 Mexican Braceros■

That day, I arrived at Holy Cross Cemetery. I spent about an hour looking for the grave of the 28 Braceros who died when the plane crashed in 1948. I searched everywhere, grave by grave, until I finally found it. It was a tomb separate from the others. When I saw the names of the people who were buried, I felt unfortunate. Then, I played some songs from the Bracero era on my phone. When playing the Bracero song by Pedro Infante and listening to the verses: "I toured several states of the American Union/In Arizona, Texas, and Louisiana/I always felt the lack of appreciation/as many called discrimination," I was overcome with tears. It was a sad cry but also happy because I had always wanted to visit that cemetery to pay tribute to those 28 Mexican braceros.

Author, Holy Cross Cemetery, Fresno, California

Tragedy of Soledad 1958
14 braceros were burned alive in a bus converted truck on January 17, 1958. An agricultural worker lit a cigarette and two gas tanks that were under the benches exploded. Of the 50 Braceros, 14 were burned to death and 17 were injured.

Soledad, California

Tomb of the 7 burned Mexican braceros.

■We arrived at the place where the truck was, and we watched as the burnt workers jumped out■

I was born here, but my grandfather, Ignacio Alvarado, was from Aguascalientes and worked in the carrot harvest. I remember that in 1958, when I was ten years old, I was in his truck, and we watched as a Bracero bus/truck exploded and 14 Mexicans were burned alive. That day, we watched as the firefighters passed by quickly, and my grandfather said: "What is happening? "Let's follow them." We arrived at the place where the truck was, and we watched as the burnt workers jumped out. My grandfather helped some of them by trying to put out the flames. I remember he burned his arms. People began to say that there was a gas tank inside the truck, a worker lit a match to smoke a cigarette, and then everything caught fire and exploded. Before, they used to put a chain outside those trucks and close the door. When the gas tank exploded, the Braceros could not escape. Can you imagine? Those trucks were built for 50 workers. So, I don't want to imagine the desperation and suffering of those people. I don't know if you know, but of those 14 dead immigrants, seven were sent to Mexico, and the other seven stayed here unclaimed. My grandfather bought a plot of land in the cemetery to bury his family and decided to bury those 7 Braceros there as well. I carved seven white crosses myself and put them there to remember those immigrants. But look how ironic fate is. My grandfather was burned to death a year later when, while crossing the railroad tracks, a passing train hit his truck and exploded. You won't believe me, but years later, it was learned that some boys from Mexico were looking for the graves of their grandparents in some cemeteries in northern and central California. Who would have thought that I took those boys to the graves of those seven braceros? 2 of the people buried there next to my grandfather were brothers and the grandparents of those boys.

Frank Melendez, Soledad, California.

Chualar tragedy 1963

32 Bracero immigrants died when the truck they were in was hit by a train a mile from Chualar, California.

Chualar, California

In the academic essay A TOWN FULL OF DEAD MEXICANS (Based on TRAGEDY OF CHUALAR, written by Ernesto Galarza), Professor Lori A. Flores of Stony Brook University states the following: On September 17, 1963, at around 4:20 or 4:25 at the afternoon, a truck driven by Francisco "Pancho" Espinoza crossed the train tracks one mile from Chualar. "Pancho" claims to have heard a loud whistle but not seen anything. According to Tony Vázquez, a Mexican-American butler who witnessed the accident, "the bodies flew everywhere." At that time of the afternoon, a Ford Ord soldier's truck passing by stopped to offer help. Fifteen ambulances and several people in their vehicles took the injured to several hospitals in Salinas. One of the Braceros' bodies was pressed to the train's engine. The dead Braceros were from Jalisco, Guanajuato, Sonora, Zacatecas, Puebla, and Michoacán and ranged between 19 and 59 years of age. José Gómez Martínez died on his birthday at the age of 27. Of the three sets of brothers who were in the truck, Federico and Salvador Olmedo died, while José Meza and Salvador Orozco lost their brothers Roberto and Luis. The bodies of the 32 braceros were laid to rest in the Palma High School gymnasium, where more than 9,000 Braceros attended in solidarity with their deceased fellow countryman.

Memorial cross of the 32 braceros killed by the train

Chualar Railway tracks

List of the Mexican Immigrants who died at the Chualar tragedy of 1963

Salvador Olmedo Gallegos

Juan Núñez Valtierra

Antonio Llanes González

Alberto Martínez Martínez

Agapito Villafuerte Torres

Victoriano Padilla Sánchez

Margarito Delgado Tinoco

Luis Orozco Contreras

Gonzalo Amador Huerta

Juan Díaz Dueñas

Juan Segoviano Roza

Roberto Meza Huerta

Felipe Ramírez Meléndez

Ramón Torres Gutiérrez

José Ángel Olivares

José Delgado Mendoza

Jesús Becerra Aceves

Salvador Cabrera Cholico

Pedro Segura Ramírez

Dolores Mantasillas Flores

Silvino Muñoz Escobedo

Ramón Navarro Flores

Manuel Maldonado Robles

Loreto Bojorquez Mungaray

José Gámez Martínez

Trinidad Méndez Vásquez

Herminio Huerta Téllez

Salomón Guzmán Torres

Jesús Mercado Gallardo

Sixto Robles Urzua

Manuel de Jesús Coronado López

TRAGEDY AT CHUALAR, ERNESTO GALARZA/Lori. A. Flores

■**Due to these tragedies of the Braceros, the American government decided to end the Bracero Program in 1964**■

Because of these tragedies of the braceros, the American government decided to end the Bracero Program in 1964. Not now, but now it is easier for those hired. I don't know if you know that today if employers want to hire workers from Mexico, they have to pay them 2 dollars more than the average salary. They also have to provide them with a room for two people. They have to have beds, blankets, and pillows and even pay for three meals a day. Not before did the Braceros suffer a lot.

Frank Melendez, Soledad, California.

Sierra Blanca, Texas, July 2, 1987

18 Mexicans die of asphyxiation inside a train car in Sierra Blanca, Texas. The vast majority of undocumented immigrants were from Aguascalientes and Zacatecas. Miguel Tostado Rodríguez, a 24-year-old young man, would be the only survivor of the tragedy. "When supervisor Melvin Dudley of the immigration agency opened the train car, he never expected to see such a horrendous scene: scattered bodies, full of blood and organs exploded by the intense heat. Only Miguel, dehydrated on the verge of death, had survived what must have been hell on earth."

THE MEXICANS, A Portrait of a People, Patrick Oster

Victoria, Texas, May 14, 2003

Seventy-three immigrants were found in the bed of a trailer in Victoria, Texas. Nineteen people died, including a five-year-old boy who was seen hugging his father, who also died.

Dallas Morning News

San Fernando, Tamaulipas, August 22, 2010

Seventy-two immigrants were murdered in the municipality of San Fernando, Tamaulipas. Among those executed were 58 men and 14 women. These people were originally from Central and South America. The only survivor, the Ecuadorian Freddy Lala, managed to escape and notify the authorities of how organized crime or drug trafficking gangs cruelly killed these immigrants.

National Commission of Human Rights in Mexico.

El Paso, Texas, February 9, 2022

One hundred thirty-two immigrants were found in a cargo truck in El Paso, Texas. The Border Patrol discovered the 132 people inside the trailer. The immigrants were originally from Guatemala, Honduras, Ecuador, and Mexico. Inside the truck were two unaccompanied children from Guatemala.

Amy Goodman, Democracy Now

San Antonio, Texas, June 28, 2022

Fifty-three immigrants die inside an abandoned truck in the city of San Antonio, Texas. According to Mexican President Andrés Manuel López Obrador, 22 of the victims were fellow Mexican citizens.

BBC NEWS WORLD

Veracruz, Mexico, March 7, 2023

In Mexico, more than 340 migrants from Guatemala, Honduras, El Salvador, and Ecuador were found abandoned in a cargo truck in the state of Veracruz. More than 100 children were part of the immigrant group.

Amy Goodman, Democracy Now

San Diego, California March 13, 2023

Two fishing boats carrying 23 immigrants capsized on the beaches of San Diego, California. According to the police department, eight people died, and seven are missing. The smugglers and survivors are believed to have escaped the area.

Univision 34 Los Angeles

Cd. Juárez, Chihuahua, March 27, 2023

40 Central and South American immigrants die of asphyxiation and burns at the National Migration Institute in Juárez City. Twenty-seven survivors were seriously injured.

CNN, News

Madera County, California February 23, 2024

Seven Mexican immigrants (farm workers) traveling in a van and the driver of a pickup truck died this Friday when the vehicles collided head-on in an agricultural area in central California. One of the deceased had only been in the country for three months and was from the state of Michoacán.

Los Angeles Times

■**Every time I look at the photograph of the little dead girl next to her father, it shakes my whole soul**■

Every time I look at the photograph of the little dead girl next to her father, it shakes my entire soul. It is a complex image, difficult to assimilate—a mixture of love, desperation, and cruelty. The 23-month-old girl drowned in the Rio Grande inside her father's shirt is extremely inhumane.

Rodolfo, Soledad, California

■**Here, there is only fieldwork, and my knee won't let me. That's why I beg people for money**■

Since my knee is terrible, I can't work on heavy jobs. There is only field work here, and my knee won't let me. That's why I beg people for money. I get up early, walk the streets where there are businesses, and ask them if they can help me with something. Sometimes, people are vulgar, especially women. Here in Soledad, I live with a sister; I clean her house, make her food, and help her as much as possible. Before immigrating here, I lived in Mexico City from Texcoco. There, I went to elementary and middle school and lived with my mother and brothers because my father didn't recognize us. I think he had two families but never lived with us. Well, you know how some men are. Well, as I said, I can't work because of my knee, but I will take your advice. I will start cross-stitching tortilla sacks and see if I can sell them. And so, instead of asking for money, I will sell embroidered tortilla sacks.

Martita Álvarez, Soledad, California.

■**Fight for your dreams, don't wait; situations can change by taking risks**■

My name is Rosa and I am from Zacatecas. My migrant story, like that of other people, is complex, but being a woman, I feel it is more complicated. Look, let me tell you: my husband left me in Mexico with a small child when I married and migrated here. At first, he sent me money, but then he stopped. I started to get desperate and decided to come here too. I spoke with some family members, and I received advice, moral support, and a little financial support from them. I traveled with my maternal uncles by plane from Aguascalientes to Tijuana, and while there, I decided to cross. I only carried a 500 pesos bill in case something happened. When I arrived at the border, the coyote told me: "Who is going to cross first, you or the child?" I told him: "My son first." We left in a car, and I told my child that if immigration officers asked him about his father, he would say that the coyote was his father. I enter the States with false documents. Fortunately, we had no problems, and here I was, reunited with my husband. When I arrived, I told him: if you love your family, let's go to Indiana with my uncles, who were the ones who helped us. He acknowledged that I was right and that we had lived here in Indiana for over 22 years. We have five children, and that young man who crossed the border without a dad has already graduated from university. Life is not easy for anyone, but if I were to give them advice, I would say: "Fight for your dreams, don't wait; situations can change by taking risks."

LaPorte, Indiana

■My dad emigrated from Guerrero many years ago and tried to teach us the Mixtec language, but we never listened to him■

The truth is that thanks to Spanish class, I learned the difference between a language and a dialect. I used to think my dad spoke a dialect, and I was secretly ashamed. Today, I know that 68 indigenous languages are spoken in Mexico, and knowing that my father says one of them makes me feel proud. My dad emigrated from Guerrero many years ago and tried to teach us the Mixtec language, but we never listened to him. I was born here in Salinas, and I am bilingual. I speak English and Spanish. Can you imagine if I dedicated myself to learning my dad's language? It would be trilingual, right?

Adriana, Salinas, California

■This treatment, poverty, and her great love for all her children led my mother to emigrate to the United States■

I will always admire and be grateful for all my mother's sacrifices for us, her seven children. Being a single mother, she grew up in a lot of poverty and ignorance there in Las Animas, municipality of Aguililla, Michoacán. My father, whom I never knew, never knew how to see her goodness and mistreated her. According to what they told me, my father not only drank a lot but was very aggressive with her. That treatment, poverty, and her great love for all of us led her to immigrate to the United States. She came alone and crossed the border in the mid-70s, settling in Watsonville. Her natural kindness and beauty led her to be courted by many men, but she never abandoned us. She sent us money and things while we lived with our grandparents. Eventually, she brought us two by two, and we were finally reunited. As I tell you, I grew up without a dad and always sought guidance from men who gave me a good example: teachers, coaches, and generally wise men. As I told you before, my mother's kindness marked me a lot because she sacrificed her romantic life to give us all her support. I won't forget this, and it keeps me strong. He died two years ago. It has been 40 years since she brought us to this country, and I will never forget her noble sacrifice of my mother's tenderness with great devotion and adoration.

Lorenzo, Bakersfield, California.

■"Mom'. Mommy, I love you very much. Mom, wait for me, I'm going to go soon■

"Mom'. Mommy, I love you very much. Mom, wait for me; I'm going to go soon. I'm going soon, Mom. Wait a little. Wait for me a little bit, just a little bit. You're always in my heart. I will never forget you; Always. But wait a little while, don't leave me yet. Please give it a try, mommy. Can you hear me 'ma?

Tik Tok Video

■I grew up being beaten by my so-called father■
(Explicit interview contains profanity and emotionally disturbing material)

Suppose I were to tell you if I were to say to you. Look, I've had a tough life, a tough bastard life. I grew up being beaten by my so-called father. Well, it wasn't, but I was born from his wife, my mother. I don't know if I'm explaining myself or if you understand me. My mother had given this bastard just daughters, that is, my sisters, and I don't know who the hell there was in town. An evil faith healer or a sorcerer told him to ask the devil for a son. That he would take his wife, that is, my mother, to this uninhabited house there at night and that with a pact with the devil, he would give her a son. Well, that bastard believed that faith healer and I think he was the one who fucked my mother, and from there, I was born. My father never loved me, and when he took me to work the land, the son of a bitch threw clods at me (it seemed like it made him very angry to see me.) My sisters and I threw chemicals in the fallow fields so the cornfield would grow.

I remember one day noticing this bastard, my father, a little strange. At times very pissed off and, at times, looks at other men and boys with a woman's gaze. Do I explain myself? Do you know what I mean? Then a rumor spread that my father was being fucked by some workers there, meaning that my father was gay; he liked cock. One day my father grabbed me, and I was a 12-year-old boy because I didn't even know what the hell was going on, and he gave me a big hug and farted. Then the bastard smelled it and said: "mmm, delicious."

I grew up and became a soldier. I was a son of a bitch since I would hit any bastard who misbehaved. One day, they took the army and the "hawks" to take out some poor people who came to stay on some vacant lots that belonged to the governor of Cuernavaca. I evicted many people from there with the help of blows and the "hawks." As I tell you, I was a well-made bastard, and I fucked a lot of women. Then I came here to the States. I had an uncle who was my mother's brother, and he lived in Los Angeles, but I didn't want to stay with him. They had already told me that he was a mean son of a bitch. Instead, I moved here to San Francisco. That's how I went back and forth from Mexico to California until the last time I crossed there through the Mexicali Canal, I almost drowned. That fucking sewer channel was very dangerous, and as I told you, I nearly died. Now, I live here in San Francisco and support myself with what people give me by singing my songs. It is fucken harsh to live on the streets. You won't believe some bastard tried to poison me by giving me rat poison in a piece of bread. I think I'm still poisoned because my guts hurt all over. I believe that if I find a knife or a gun, it is a sign that I should beat the hell out of him. Look, I don't know if you understand me, I am someone cool, a descendant of Aztec kings: a Tlatoani, a Chimalpopoca, an Itzcoatl, an Axayacatl, an Ahuizolt, a Tizoc. My name is Lorenzo, but everyone here knows me as the Kaliman of Morelos.

Kaliman de Morelos, San Francisco, California

Perspectives of politicians, writers, and artists

■**Future generations of Americans will be thankful for our efforts to humanely regain control of our borders**■

Distance has not discouraged illegal immigration to the United States from all around the globe. The problem of illegal immigration should not, therefore, be seen as a problem between the United States and its neighbors. Our objective is only to establish a reasonable, fair, orderly, and secure system of immigration into this country and not to discriminate in any way against particular nations or people...Future generations of Americans will be thankful for our efforts to humanely regain control of our borders and thereby preserve the

Ronald Reagan Immigration Reform and Control Act 1986

■It is wrong and ultimately self-defeating for a nation of immigrants to permit the kind of abuse of our immigration laws■

"We are a nation of immigrants but also a nation of laws. It is wrong and ultimately self-defeating for a nation of immigrants to permit the kind of abuse of our immigration laws we have seen in recent years, and we must do more to stop."

Bill Clinton 1995 State of the Union

To Secure Our Border, We Must Create A Temporary Worker Program
■America's Immigration Problem Will Not Be Solved With Security Measures Alone■

America's Immigration Problem Will Not Be Solved With Security Measures Alone. Many people on the other side of our borders will do anything to come to America to work and build a better life. This dynamic creates tremendous pressure on our border that walls and patrols alone cannot stop.

George Bush 2007 State of the Union

■ **When Mexico sends us its people, they don't send us the best...They bring drugs, they bring crime, and they are rapists**■

When Mexico sends us its people, they don't send us the best...They bring drugs, they bring crime, and they are rapists...They are sending us the wrong people, and they come from beyond Mexico and from all over the south and Latin America.

Donald Trump 2018

■**This is a poem for los perdidos**■

This is a poem for los perdidos. For the many men that came north and were never seen or heard again.

Y no se lo trago la tierra, Tomas Rivera

■**I WILL PERDURE**■

I have to fight/win this fight/for my children and they/need to know about me/who I am/La Raza!/Mexican!/Spanish!/Latino!/Hispanic!/Chicano!/Or whatever I call myself/ I look the same / I have the same feelings / I am the masses of my people / I refuse to be absorbed / I WILL PERDURE

I am Joaquín, Rodolfo "Corky" Gonzales

■**Remember that we are Mexicans/We are Chicanos**■

Motherland that you accused/your children without reason/being the occasion/I want you to remember:/that we are children of the forgotten/children of the wetbacks/children of Braceros/children of peasants/sons pochos/sons with the Spanish mocho/Remember that we are Mexicans/We are Chicanos/We know English/and as absent descendants/remember us as prodigal sons.

For Mexico with love, José Antonio Burciaga

■The problem of immigration and refugees is going to grow even more because there is violence and poverty■

-Isabel Allende: I know that if you know the person, you know the story, you know the name, and you know why the person is seeking asylum, then it is not a number anymore. Then, it is not a number you can stop with a wall; it is a human being that needs something you can give.
-Walter Isaacson: What do you think when you hear Donald Trump's rhetoric about building the wall?
-Isabel Allende: Whatever Donald Trump says makes me sick. So when he says he wants to build a wall, do they want to create a wall all over the world so that the poor and desperate are left out? What kind of world do we want? Do we want a world for privilege and another separate world for everyone else? No, we need to find global solutions. The problem of immigration and refugees is going to grow even more because there is violence and poverty. Immigrants are leaving everything they love and are familiar with because they are desperate.

Isabel Allende

■Perhaps the new wave of Hispanic or Latino migrants will be more challenging to include than the previous ones■

"Perhaps the new wave of Hispanic or Latino migrants will be more difficult to include than the previous ones since it is larger than those, at least in absolute terms, and with it, almost 20% of the United States population – or 56 million people- has a Hispanic or Latino origin."

United States: in privacy and from a distance, Jorge. G. Castaneda

■For those who are the last Golden generation of immigrants■

And those who live in this country and are part of the last golden generation of immigrants can be treated with the same dignity and respect as those who came before and created this incredible nation of immigrants."

Alejandro González Iñárritu, after receiving the Oscar Award

"How beautiful is the American Union,
Illinois, California, and Tennessee,
but there in my Mexican land,

a little piece of heaven is for me."

The Ilegal, Joan Sebastian

"There are three borders that I had to cross.
I went undocumented in three countries.
Three times, I had to risk my life,
That is why they say I am three times wet."

Tres veces mojado, Los Tigres del Norte

"I have your antidote,
for him, who has no identity,
we are identical
which arrived without warning.
I come calmly,
for those who are no longer here,
for those who are and those who are coming."

Pa'l norte, Calle Trece

■**Look, I don't have a regular job, but thank God I raised my children alone. I've always said that work keeps work** ■

I don't have a regular job, but thank God I raised my children alone. I've always said that work keeps work

Miriam, King City, California

■**How can I teach faith or a belief when I lack it?** ■

Well, I come from a Catholic family. My grandparents in Mexico went to mass, prayed the rosary, read the Bible, and even visited Christ the King at Cerro del Cubilete. I was born here, and as a child, I accompanied my parents to mass, but as I grew older, I stopped attending church. And now it is worse; I don't know, but I've seen so many news stories about priests abusing children, and I feel like this has led me to stop believing. I have a daughter who I have not taught to pray, and I don't even take her to mass. How can I teach something that I do not believe? When she grows up, she will form her own opinion of things. Do I think that one should teach religious values to one's children? I understand it, but how can I teach faith or belief when I lack it?

Rosa, Greenfield, California.

■They have not failed as parents; I am responsible for my actions. I'm the wrong one, not them■

In my family, I was the first one to get tattoos. My parents grew up in Mexico on a small ranch with humble, respectful people. My parents emigrated here and are still very good people as they were there. They have always given good examples to me and all my brothers. They don't smoke, drink, and much less have tattoos like us. At first, I hid them because I was embarrassed to be seen. Afterward, I talked about it until I felt safe and told them I had gotten tattoos. My dad got angry but didn't say anything to me. It was my mother who I looked at very severely, as if disappointed. I feel like she felt like she had failed as a mother. I have never told them that I smoke weed. If they found out, they would be disappointed in us. They have not failed as parents; I am responsible for my actions. I'm the wrong one, not them.

Vero, King City, California

■My family, like everyone else there, is very religious, and that's how I grew up going to mass and praying the Rosary with my mother■

I'm from Unión de San Antonio, on the side of San Juan de los Lagos. Like everyone else there, my family is very religious, and that's how I grew up going to mass and praying the Rosary with my mother. My dad had come here, and I knew I would go someday. From him, I learned to be respectful and give everyone their place. When I came here, my mother instilled in me that I should never stop seeing my sisters and brothers. I promised her, and I did so for many years until she was gone. I grew up loving all my siblings very much, but I'm tired of being the only one who tries to visit them. I have never been picky and still love them, but it hurts me to admit that they don't make time to see me. Here, people work hard and are obsessed with money and material things. The family is taking a backseat, and people get lost. I continue to talk about my faith, and I always thank

God for my family and the little things I have. Every day I wake up, I kneel and thank Him for being alive and full of experience. If a person rejects my faith or doesn't have God in their life, I respect that, but I don't try to impose my beliefs on them. I don't contradict them and respect their way of being. But, as a person, I always say to myself: "God is ahead of me all the time."

Martin Cruz, Salinas, California

■ I consider myself American-Mexican because Mexico abandoned me, and the United States opened its doors to me■

I am José Manuel Pérez and I am from Guanajuato. I emigrated at 16 when my father decided to bring part of the family with him in 1984. My dad gradually brought my other siblings, and within ten years, we were all reunited here in California. I attended Gonzales High School, and after receiving my diploma, I enlisted in the Armed Forces. I was in Korea, Saudi Arabia, Iraq, Spain, Italy, France, Bosnia, and Canada. Through the military, I experienced positive things like traveling to many parts of the world, receiving a good salary, and receiving excellent medical benefits. I consider myself American-Mexican because Mexico abandoned me, and the United States opened its doors to me. There, in Chupicuaro, I knew poverty, violence, and corruption. I watched as the town mayor became rich because he was a corrupt politician, keeping everything the state government sent to the municipality. Well, going back to my military service, when I was in Iraq, we were fighting with Arab militias or guerrillas who were furious that the American army was in their country. I also spent some time in Bosnia when the former Yugoslavia was divided into 6 or 7 different countries. Thank you for coming and joining us for this Memorial Day celebration. Please write in your book that many patriotic people have given their lives so that we all have freedom and live in the best country in the world.

Memorial Day, Soledad Cemetery, California

■This last time we went to Mexico, it was fucked up■

This last time we went to Mexico, it was fucked up. There in Fresnillo, they threatened my wife, me, and his entire family. Some dude with an AK-47 stopped us and asked, "Where do you guys come from? What do you want here?" We responded: "We come to visit the Saint Child of Atocha." The drug traffickers, criminals, or whoever those people were sarcastically told us: "So that's why you guys came? To pray to our Saint

Child? Well, if that's what you came for, then no problem. Have a good time, and welcome to Fresnillo.

Leo, Salinas, California

■**Here I have my wife, sisters-in-law, and sisters working with us, carpooling cockfight gamblers in case the police show up**■

Here in Muscoy, it is widespread to have clandestine cockfights. Generally, we have pointers that tell us if the police are coming so they can catch us, put us in jail, or give us a fucking ticket. Whoever keeps the money from the bets has to be ready to run and not get caught. In cockfighting, you bet a lot of cash. Here in San Bernardino, tough people come and bet big—minimum 3000 dollars per fight. The person who does the fights charges $40 or $50 per person. Here, I have my wife, sisters-in-law, and sisters working with us, carpooling cockfight gamblers in case we get cut. It's hard shit, but there is a lot of money in these cockfights. There in Ixtlahuacan, Jalisco, my father was a cockfighter, and here he organizes derbies. This thing about roosters here in Muscoy is very normal. Furthermore, people who dedicate themselves to illegal drug businesses like these derbies and, as I told you, cockfighting gives you a lot of money.

Jesus, Muscoy, California.

■**My daughter's death saved four people because we donated her organs**■

I miss my daughter a lot. I dream of her; I feel her everywhere; I haven't been able to get over her departure. Look, let me explain: my daughter got pregnant at 17 when she was going to school. What at first was a disappointment became a blessing when my granddaughter was born. My daughter was bullied a lot at school until she decided to defend herself, to fight, and that's when the problems started. Two weeks before they killed her, she told me: "Mom, I feel that I'm not going to live long. If I die before you, please play me the song Two Bottles of Mezcal at my funeral. Well, that's how it happened. At his funeral, I played her music, and I felt immense pain. It has been 18 years, and my granddaughter reminds me of my daughter's great love. A mother never gets over the pain of a dead daughter/son. But what makes me strong is that my daughter's death saved four people because we donated her organs. I am Isabel and I am from Compostela, Nayarit.

San Bernardino, California

■A man is kind of an idiot; one believes that by being a great worker and giving material things to your wife, one will retain them■

My story is similar to that of many men coming to this country. Let me explain: more than 20 years ago, I immigrated from Michoacán to Redwood City. I'm not lying to you here; I felt very lonely. I spent my time working and working (I work in construction) and sending money to build a house there in Mexico. I made a mansion. As I told you, I didn't go back for a long time; I worked very hard to get that property. When I returned, I had already fixed my legal documents and brought my ex-wife to the States. The truth is that my ex-wife is still pretty, but she already lives with someone else. I didn't know how to take care of her because when I brought her, I spent my time working and cheating with other women. Deep down, she knew it and forgave me until one day, she got fed up and told me: "As a person, you are a hardworking individual; as a father, you have fulfilled your promise, but as a husband, you have hurt me a lot, and there is no remedy for our relationship." As time passed, she met someone else (it took her about three years to have another relationship), and now she lives with him. I know the guy; in fact, he is from the same town I'm from. Since I'm here, many people from Aguililla are here in Redwood City. A man is kind of an idiot; one believes that by being a great worker and giving material things to your wife, one will retain them.

Saul, Redwood City, California

■It bothers me that my wife doesn't love my family■

I wonder why women change over time. When we got married, it was different. We had family reunions in Riverside and Fontana, and our two families spent time together; we used to have great times. Over time, she began to change and stop visiting my family. Until now, I have visited hers, and I don't have any problems with anyone in her family. She does not. Sometimes, my family members come to my house, and my wife gets mad. I watch my mother, sisters, and wife throw indifferent glances at each other. Here at my house, my mother and my sisters are not welcome. And if they come, my wife does not want to cook and asks me to order food. It bothers me that my wife doesn't love my family. Sometimes, I feel like I lack the courage to defend what is right, but you know the saying: "Happy wife, happy life." That's a lie; she's always angry about everything. If I'm too nice, she takes advantage of me; if I raise my voice, she screams, and my children don't know what to do. It would have been better if I had married a woman from my hometown.

Fernando, Riverside, California

■In our Spanish-speaking countries, you are not what you want to be but what you can be■

My name is Ezequiel, and I am Peruvian. I live and work here in San Francisco as a clown at Pier 39, making balloon animal figurines. There, I studied education in Peru because I had dreamed of being an elementary school teacher. We Peruvians have a rich ancient culture that distinguishes us from other cultures. We have the history of the Incas, Machu Picchu, the Nazca Lines, writers like Vargas Llosa, and our delicious Peruvian Ceviche dish. I feel very proud of my culture, but in our Spanish-speaking countries, you are not what you want to be but what you can be. So, due to economic problems, I immigrated to California, and here I am. My stage name is Kokin, and every day, I come here to Pier 39 to make a living making artistic balloons for children. How much are they worth? Whatever the tourist wants to donate.

Ezequiel, San Francisco, California.

■ My son made a mistake; well, I feel that the one who made the mistake was me because I didn't know how to guide him ■

Look, here, there were criminal organizations that did a lot of harm to our children. My son played soccer, but he soon started to change. He dressed in black with a red rosary and went out at night. One of his cousins wore a blue scarf, and they said things to each other at family reunions. Within the same family, there were gangsters from both sides. Over time, my son lost his life for being in gangs. My son made a mistake; I feel that the one who made the mistake was me because I didn't know how to guide him. Or I don't even know what to think anymore. The saddest thing was that at his funeral, they dressed my son in red with a red hat that had a big letter N. We couldn't dress him the way we wanted. The gang forced us to dress him in red. And what did one do? Deep down, one was afraid. I came from Mexico to provide a better future for my family, but here, the North Side took my son away from me. I am thrilled that Salinas is changing, but before (1988-2008), it was a violent city. I wish you luck with your book.

Anonymous

■When someone wanted to talk or receive calls from a relative who lived here in the States, they went there with us■

Well, I remember that my mother was the only one with a telephone in our neighborhood. When someone wanted to talk or receive calls from a relative who lived here in the States, they went there with us. I remember they were very shy/humble, but my mother always made them feel good. She never made faces at them or denied them the favor. They were generally older mothers with a son in the United States. I remember the old ladies arriving about fifteen minutes early and talking to us. When the phone rang, I watched how they got a little nervous when picking it up. They were good times because, as I say, my mother was a sentimental bridge between mother and son. I won't forget that about my good mother. 30251 was our home phone number.

Anonymous

■I remember we listened to Kaliman and Porfirio Cadena, and we were all attentive, imagining the stories■

According to my son, he is more brilliant because he speaks English and uses technology better than us. Look, my husband and I are from a small ranch where we didn't have television or telephone, just a tiny radio where we listened to music and radio novels. I remember we listened to Kaliman and Porfirio Cadena and were attentive, imagining the stories. Since it was a small village, everyone listened to them. They were fascinating. Eventually, we emigrated here, and our children were born here. One day, I asked one of my sons to help me put an application on my cell phone, and he told me: "You don't know anything; why don't you learn?" Children with their technology can be cruel because those devices make them feel more intelligent than you. They are also addicted to their cell phones and their games, which is why I think technology is not so healthy for them.

Maria, Watsonville, California

■**Today, I think that those cheeses were a little bit of Mexico that he wanted to share with his absent son, that is, my father**■

I still remember the last time I visited my grandparents in Mexico. It was very nice to be next to them, and they were so loving to me. Once, before I came here to California, my grandpa told me: "I need you to take these cheeses to your dad so he can eat them with some beans." I told him: "They sell cheese in the States, Grandpa, don't worry." But he told me again: "It's not the same son; these cheeses are from here, from his motherland." The cheeses were frozen and wrapped in aluminum foil, but since the plane was delayed, there you have it; while waiting, my backpack started to smell like pure cheese. I got on the plane, and everything smelled like cheese. He was pleased when I got home and told my dad that my grandpa had sent him cheese. Today, many years have passed. My grandfather has died, and today, those cheeses were a little bit of Mexico that he wanted to share with his absent son, my father.

Jesus, Fresno, California

■**I have a great husband. He is very responsible and kind, but every time I think about Mexico, that old boyfriend comes to mind**■

Look how I should explain this: I had a boyfriend I loved very much there in Mexico before emigrating here. I never stopped thinking about him and kept my feelings of love for a long time. I don't know if it was loneliness or nostalgia, but migration divided me into two parts: the one who was there and the one I am here. But let me continue telling you. I got married here. I have a great husband. He is very responsible and kind to me, but that old boyfriend comes to mind whenever I think about Mexico. Should I confess to you something? The last time I returned to my hometown, I saw him, and he acted like he didn't see me. When I saw him, I felt something extraordinary but contradictory. My feelings were divided between the one I was back then and the one I am right now.

Josefina, Los Angeles, California

MIGRANTE

Álvaro Mercado Cervantes

Prólogo

Este libro está escrito con dolor sincero, el mismo que todo migrante sintió al dejar su tierra. Pero de igual forma está escrito con esperanza, la misma que fortalece a quienes buscamos un mejor futuro en este gran país. La idea de escribirlo nació no sólo porque haya vivido esta realidad, sino porque aquí he convivido con miles de inmigrantes, que al igual que yo, dejamos nuestro lugar de origen con la ilusión de una vida mejor. Es un libro triste porque presenta la soledad y el sufrimiento de muchos pero del mismo modo es un libro esperanzador porque refleja los sueños e ilusiones de otros tantos. Así pues, Migrante tiene la finalidad de hacerte testigo de todo lo que hemos olvidado o deseamos querer olvidar, esto es: la angustia diaria de personas que luchan por pertenecer a un lugar donde se sienten rechazados. Como Migrante es periodismo puro y el "periodismo precede la historia" deseo que estas vidas sean leídas con el Alma para que no se olviden, para que te dejen huella. Mi anhelo es reflejar cómo la migración ha marcado la vida, la identidad y la personalidad de cada entrevistado. Y si en parte es cierto que el tema central es la migración, un lector atento encontrará subtemas en cada testimonio que lo hará ver la realidad migrante desde otras perspectivas. Este perspectivismo lo acercará más al fenómeno de la inmigración y por ende a una mejor comprensión del ser humano. Y como todas nuestras vidas se parecen no te sorprenda que en estas entrevistas encuentres algo de la tuya. Y si por ahí lees algo que viviste igual o similar a la de un migrante sólo recuerda que todos somos hermanos del mismo dolor o de la misma esperanza porque tú, al igual que nosotros, también has cruzado ciertas fronteras.

Espero que Migrante sea ciudadano en tu Corazón, el autor.

La frontera de 2,500 millas entre México y Los Estados Unidos es la única frontera visible entre el mundo desarrollado y en desarrollo…Pero la voluntad del trabajador es fuerte. En su mayoría, vienen de México, pero también de América Central y desde Colombia, así como desde el Caribe. A veces son empujados por la desventura política. Pero casi siempre, y sobre todo en el caso de los mexicanos, el inmigrante ha llegado por razones económicas…Pero más allá de los factores económicos, los trabajadores inmigrantes representan un proceso social y cultural sumamente amplio y de importancia para la historia de la continuidad de la cultura hispanoamericana.

El espejo enterrado, Carlos Fuentes

Pienso que necesitamos encontrar soluciones globales. El problema de inmigración y los refugiados va a crecer aún más porque hay violencia y pobreza. Los inmigrantes están dejando todo lo que aman porque están desesperados.

Isabel Allende

Dijo adiós con una mueca disfrazada de sonrisa
y le suplicó a su Dios crucificado en la repisa
el resguardo de los suyos
y perforó la frontera como pudo.

Mojado, Ricardo Arjona

Nuestra casa dejó de estar donde estaba. Eso nos pasa mucho a los inmigrantes. Creemos que nuestra casa está en nuestro país de origen y al regresar nos damos cuenta que las cosas han cambiado...¿Por qué? Porque no somos la misma persona que se fue; el viaje nos ha cambiado.

Atravesando Fronteras, Jorge Ramos

■ **El coyote me cobró $150 dólares porque le regalé un cigarro de mota**■

Cinco compas y yo cruzamos el río Bravo arriba de un tronco. El coyote me cobró $150 dólares porque le regalé un cigarro de mota. Le caí bien porque al principio no sabía que él nos iba a pasar. Entré al baño y ahí lo miré medio desesperado y le dije: "ey compa ¿anda bien? ¿Qué usted también va a cruzar?" Me respondió: "no amigo, yo cruzo gente. Ese es mi jale." Al mirarlo medio distraído le respondí: "pos aquí traigo un cigarrito de mota pa' los nervios ¿gusta?" Como te digo, siento que le caí bien porque se fumó su cigarrito bien a gusto y eso lo relajó. De esto que te estoy hablando hace más de 30 años. En los 80's cobraban unos $300 dólares por cruzarte. Antes estaba fácil, ahorita sí está cabrón, te andan cobrando de perdido unos $15,000. ¿Cómo pasa el tiempo verdad? ¿Qué cómo me llamo? Ya ni sé pero todos me conocen como el Borrego.

Soledad, California

■Casi siempre la migra cambiaba de guardias a la 7:00 de la mañana■

Yo nunca tuve miedo de cruzar el retén de migración que está ahí en San Clemente. Eso sí, siempre andaba sola. Nada de raiteras. No quería que nadie me acompañara. Lo que hacía yo era maquillarme muy bien. Andaba bien arreglada en mi carro y cuando pasaba por el retén, esperaba que hubiera cambio de guardia. Casi siempre la migra cambiaba de guardias a la 7:00 de la mañana. Yo sabía que hacían el cambio a esa hora. Me peinaba, me maquillaba, me arreglaba elegante y siempre me dejaban pasar sin revisarme. Yo tenía que seguir la corrida de lechuga de Yuma a Salinas, de Salinas a Yuma y no podía tener miedo. Además tenía una familia que alimentar allá en México. Bueno en aquel tiempo, te estoy hablando del 77', 78', 79'. Antes era más fácil, ahora las cosas han cambiado.

Eva, Salinas, California

■ Yo pasé por la línea caminando con una chamarra de Los Lakers■

Soy Chava de Michoacán. ¿Qué cómo crucé la frontera? Pos estaba morrito y lo único que recuerdo es que mis papás le pagaron a una señora para que me pasara. Pasé por la línea caminando con una chamarra de los Lakers. Iba agarrado de la mano de mi coyota porque me hizo pasar por su hijo. Creo que la doña sí tenía papeles y la migra no le preguntó nada de mí, asumió que era hijo suyo. Lo chistoso fue que la chamarra era media grande, me cubría toda la cara, así que los oficiales no me podían ver lo prieto que estaba y la señora era media güera (risas). Con el tiempo me di cuenta que la idea había sido de un tío mío, hermano de mi jefa, que vivía en Los Ángeles. Como ese año los Lakers habían quedado campeones siento que ahí a la migra se le durmió el gallo. Usted ya sabe cómo somos los mexicanos.

Salinas, California

■**Nadie hablaba, íbamos todos serios, sin quejarnos, sin pláticas pero eso sí todos llenos sueños**■

Soy Rubén y Veracruz es mi lugar de nacimiento. Ahí viví hasta los 16 años cuando decidí venirme para Los Estados Unidos. La primera vez que crucé lo hice por Malta, Sonora. Esa noche caminamos mucho hasta que llegamos cerca del Freeway donde nos estaba esperando un camión tipo troca de volteo. Éramos como 50 migrantes y cuando llegamos el coyote nos dijo: "súbanse los primeros." El primer grupo era como de 18. Después se subió un segundo grupo y luego el último donde iba yo. Estábamos acostados en hileras de 3. Un amontonadero de gente. ¿Te imaginas? Al camión sólo le pusieron una lona para taparlo y nos llevaron a Phoenix. El viaje duró casi 2 horas y media. Perro frillaso que hacía, pero nadie hablaba, íbamos todos serios, sin quejarnos pero eso sí, todos llenos de sueños.

Salinas, California

■Virgencita líbrame de la inmigración y si me haces el milagro te pago tu manda allá en la Basílica■

Yo no sé si usted sea religioso pero la última vez que crucé tuve una experiencia de fe y espiritualidad muy bonita. Cada vez que lo recuerdo me gana el sentimiento y mis ojos se llenan de lágrimas. Mire usted: el 2003 estaba cruzando la frontera con un grupo de 40 inmigrantes por el desierto de Arizona. En eso el mosco nos aventó las luces y toda la zona se alumbró. Nos escondimos entre la huizachera y lleno de miedo empecé a rezar. Le pedí a la virgencita que si era milagrosa o si en verdad era real que me hiciera el milagro de escapármele a la migra. Me hinqué y oré con una fe auténtica e hice una manda. Recé y le supliqué: "Virgencita líbrame de la inmigración y si me haces el milagro te pago tu manda allá en la Basílica." En ese momento le juro que sentí su manto alrededor mío y de los 40 inmigrantes. Sentí su presencia y su protección. Sentí en ese manto su divinidad y su amor. No me lo va a creer pero en ese momento el helicóptero de la migra se fue y nosotros pudimos seguir nuestro camino. De eso ya hace 20 años y tristemente no he podido cumplir mi manda ya que todavía no soy residente legal pero en cuanto arregle prometo ir a visitar a mi Virgencita allá a la ciudad de México.

Faustino, Salinas, California

■La víbora y yo nos miramos cara a cara, le miré los ojos y ella miró los míos■

Soy Hugo, oaxaqueño, de orígenes mixtecos. A mí me tocó pasar por Sonorita hace 7 años y pagué $7000 dólares. Duramos cruzando el desierto casi 15 días. Yo llevaba 4 galones de agua: 2 en la mochila y 2 amarrados con un mecatito en mis hombros. Llevaba carne seca, latas de atún y galletas saladas. No sé si usted sepa que entre más corto sea el viaje se paga más: $15,000 dólares. Entre más largo se paga menos: $7000 dólares. En esas dos semanas me tocó ver 3 víboras. La primera fue la más peligrosa porque casi me pica la cara. Déjeme le explico: esa tarde yo venía bien cansado y me metí a descansar debajo de un arbusto. Me metí despacito a gatas y miré la serpiente. La víbora y yo nos miramos cara a cara, le miré sus ojos y ella miró los míos. Y así como entré me fui hacia atrás. Moví mi pie despacio y luego el otro y sin dejar de ver los ojos de la serpiente me salí de ahí. Así salvé mi vida. Como le digo, la víbora y nos miramos cara a cara. De eso hace 7 años. Como le mencioné antes: gracias a Dios todavía tengo a mis papás y viven allá en Oaxaca. 5 hermanos vivimos aquí: 2 viven en Greenfied, 2 vivimos aquí en Soledad y 1 en Nueva York. Aquel hermano que vive allá le ayudamos a poner una carnicería y de eso vive. Nosotros trabajamos poniendo techos para las casas o rufiando como le dicen aquí.

Soledad, California

■De ahí llegamos a San Isidro y un gringo que andaba con una mexicana nos pasó en su carro por $50 dólares■

Soy de San Martín Uricho, Michoacán y emigré a los 17 años con la ayuda de un amigo que vivía en Los Ángeles. Él y yo crecimos juntos allá en el rancho pero él ya tenía viniendo algunos años para acá. Una vez que regresó a Uricho me invitó a venir y le agarro la palabra. El cruce fue fácil porque pasamos por Tijuana a un lado de un puente ahí a un lado de la playa de Chula Vista. De ahí llegamos a San Isidro y un gringo que andaba con una mexicana nos pasó en su carro por $50 dólares. El gringo no sabía hablar español pero su novia era bilingüe, lo que él decía en inglés su novia lo repetía en español. Llegamos al retén de San Clemente, la migra le preguntó a dónde iba y el gringo sólo dijo que para Los Ángeles. La migra no siguió preguntándole nada y la pareja nos llevó a Santa Ana. Allí estuve 3 días con un tío mío. Para ese entonces un hermano que vivía en Oregon le mandó dinero a mi tío para que me comprara un boleto de avión y me mandara para allá. Estuve en Oregon 4 años pero después me fui a vivir a San Diego. Ahí conocí a mi esposa, me casé, viví dos años ahí y después nos venimos para Soledad donde aquí tiene usted su casa.

Genaro Ziramba, Soledad, California

■**Para el otro día uno de los periódicos de Tijuana reportó que habían encontrado 4 muchachas muertas debajo de un puente**■

Yo sí viví una experiencia migratoria muy traumática ahí en la frontera cuando crucé hace más de 20 años. Primero miré como una muchacha embarazada se cayó de la barda al tratar de cruzar para el otro lado. Al caerse miré como su vientre y sus piernas, todo su pantalón estaba lleno de sangre. La llevaron al hospital y ahí perdió su bebé. Después un coyote muy sospechoso me pidió que cruzara con él. Yo iba con otra muchacha pero decidimos no irnos con él. Otras 4 chicas sí lo hicieron y ya no se supo nada de ellas. Lo más triste fue que el otro día uno de los periódicos de Tijuana reportó que habían encontrado 4 muchachas muertas debajo de un puente. Ellas eran las mismas chicas que yo había visto. ¿Se imagina si me hubiese ido con ese coyote? Duré casi medio mes tratando de cruzar hasta que pude lograrlo por Piedras Negras. Crucé por la línea con una mica falsa. El coyote más bien la coyota que me pasó era una jovencita de 14 años. Recuerdo que hablaba muy bien inglés y español. Al cruzar la frontera con esos documentos falsos nos metimos a un Wal-Mart. Pensé que de ahí iba a estar ya más fácil pero ahí mismo dentro de la tienda hubo una redada de inmigrantes y se llevaron a muchas personas. ¿Se imagina tener la migra detrás de ti? Yo me hice que estaba comprando algo y el oficial detrás de mí. Sentía su respiración. Al irse la migra nos subimos a un carro que nos llevaría a Phoenix. La jovencita me dijo: "hay dos retenes más que cruzar, uno a 45 millas y el otro a 15 ¿por cuál deseas que crucemos? Yo le dije: "pues por el más rápido, si me agarran me agarran ¿qué no?" Afortunadamente no pasó nada y logramos cruzar. Lo más triste es que cuando llegué a California con mi ex esposo me dio una crisis de nervios y empecé a temblar y a llorar por todo el trauma que había vivido.

Fabiola, Soledad, California

■ "Puto""Marica""Mal parido" eran algunos de los comentarios que recibía por ser homosexual■

Hola soy Fernando, soy un chico gay y esta es mi historia: "Puto""Marica""Mal parido" eran algunos de los comentarios que recibía por ser homosexual. Mira allá en Guatemala era yo gerente de una tienda Wal-Mart en la capital del país. Mis papás eran pastores de una iglesia cristiana y nunca pudieron asimilar mi orientación sexual. Ellos creían que mi condición era "un pecado mortal" y siempre lucharon para que yo dejara mis tendencias. De hecho tuve una novia tan sólo por apariencia pero a mí me seguían gustando los hombres. Un día un admirador me mandó unos chocolates y unas flores y mi mamá me los tiró a la basura. Recuerdo que una noche llegué a mi casa, me acosté y me quedé dormido. Horas más tarde me desperté todo empapado de lo que creía que era agua, cual agua, era gasolina. Mi propia madre me había arrojado gasolina y estaba a punto de prender un cerillo porque prefería quemarme vivo que tener un hijo homosexual. Entre rezos decía: "Árbol que no da frutos Dios lo cortará.""Maldito el hombre que se acuesta con otro hombre" y le pedía misericordia a Dios. Después de eso quería morirme. No entendía porque mi madre a quien amaba tanto quería quemarme vivo. Me deprimí y decidí suicidarme. Agarré mi moto y manejé hasta el puerto de San José. Entré al mar y ahí en medio de las olas quería ahogarme pero después reflexioné que no era lo correcto. Después de eso decidí mejor venirme a California. El coyote me cobró $120,000 Quetzales ($15,000 dólares.) No sé si tú sepas pero la gente que venimos de Centro América nos dan una contraseña. Te explico mira: como hay tanta gente a cada uno nos dan una contraseña. A mí me dieron la contraseña de "Panda." A otros les dicen los "Sonics" o los "Pac-mans." Los coyotes utilizan estas contraseñas porque cuando llegan los inmigrantes a la frontera tienen que reportarse con los narcos y como venimos de diferentes países pues cada uno recibe su dinero por cada inmigrante que pasa. O sea que ya viene todo desde allá. Son identificaciones y conexiones pues. Pero déjame seguirte contando: ahí en la frontera miré cosas muy tristes. En el grupo de los "Pandas" venía una muchacha muy linda que fue abusada varias veces por tres guías. También miré como un muchacho se cayó al río y uno del grupo se aventó y le salvó la vida. También miré como un muchacho sufría del corazón y un guía quería dejarlo ahí en el desierto. Claramente escuché cuando dijo: "déjenlo aquí. El que va a sobrevivir va a sobrevivir. El más fuerte sobrevive." La experiencia migratoria fue traumática pero finalmente cruzamos. Tiempo después me trajo una señora hasta Los Ángeles. Después me vine a San Francisco donde tengo viviendo dos años. Me gusta mucho la ciudad. Aquí eres realmente libre. Además la comunidad gay es aceptada y hay hombres muy guapos. Me encanta la vibra de la ciudad. ¿Qué es lo que más extraño de Guatemala? Pues lo que más extraño es a mi madre.

        Fernando, San Francisco, California

■**Desde que dejé mi país vengo evitando la violencia. Soy Bertín, hondureño, de Puerto Cortés**■

Desde que dejé mi país vengo evitando la violencia. Soy Bertín, hondureño, de Puerto Cortes. Allá en Honduras es una obligación entrar a las pandillas sino te golpean. Yo crecí sin papá (nos abandonó) pero mi mamá nos sacó de la pobreza cómo pudo. Ella trabajaba en un restaurante donde el dueño la trataba mal. Yo miraba como le hablaba y no le pagaba lo que merecía. Recuerdo que cuando me metí a la pandilla del barrio y me dieron los 18 segundos de puros putazos me dijeron: "ya eres de la mara. Somos tu familia y puedes contar con nosotros." El primer favor que les pedí fue que fuéramos a golpear al dueño del restaurante donde trabajaba mi mamá. Yo le tenía mucho coraje por la forma en que la trataba. Al llegar ahí recuerdo que sentí mucha felicidad golpearlo. No sé cómo explicarlo pero sentí mucha alegría. Era como que al golpearlo me vengaba de él, de la miseria y de la vida misma. Después le dije: "tú vuelves a maltratar a mi madre yo te mato." Con el tiempo agarré cancheo o sea que me gané el respeto a base de violencia. Golpeaba a personas, empresarios, taxistas o a cualquier sapo que nos pusiera el dedo. Robábamos a personas con dinero pero ninguna del barrio. Eso sí, nuestro barrio era sagrado. Íbamos a golpearnos con otros Chepos (maras) o los Cobras (policías). De hecho la policía local estaba comprada. Un día mi primo que conocía el camino para el norte nos dijo que si nos íbamos con él. La verdad ya quería salirme de Honduras porque ya me traían. Era yo un martirio para mi madre y si me quedaba ahí lo más seguro que me iban a matar. Para ese entonces estaba pasando droga y armas para El Salvador. La otra oportunidad que tenía era calarme profesionalmente con el equipo de Platense de ahí de Honduras. El nivel de fútbol lo tenía pero recuerdo que no pasé el examen de droga ya que ahí con las pandillas usé marihuana, cocaína y hasta un poco de heroína. Me vine con 1500 lempiras o sea como unos $50 dólares. Cuando llegamos a Guatemala ya no traía dinero. Pasamos el río Suchiate en cayuco (balsa hecha de cámaras infladas). Nos cobraron 50 Quetzales. Antes de llegar a Chiapas escuchamos que ahí estaban matando gente. Que estaban cortándoles las cabezas a mucho inmigrantes. Todo mundo te amenaza y te va entrando el miedo. Pero ahí entre los cuatro que veníamos nos dijimos: "si venimos con miedo vamos a dividir el grupo, hay que amarrarnos los cojones." Ahí mismo en Chiapas nos subimos al Tren de la Muerte a la Bestia. Ahí pensé dos cosas: "aquí muero o triunfo." Recuerdo que me comuniqué con mi mamá por teléfono y le dije: "mamá toma esta llamada como un despido pero yo voy a darte a ti y a mis hermanos un mejor futuro." En el fondo sí me daba miedo no volver a verla. Ahí arriba de la Bestia teníamos como 2 ó 3 días sin comer y al pasar por Lecheria unas mujeres nos dieron de comer. Nos aventaron comida en unas bolsas. Eso nos alivianó un montón. Recuerdo que en el trayecto me caí del tren pero como traía buena condición me volví a subir y eso que iba como a 40 millas de velocidad. Algunos días después llegamos a Cd. Juárez. Ahí me peleé y golpeé a unos pandilleros porque querían abusar de una migrante panameña. Ahí en la frontera nos quedamos a dormir en una tiendita de una señora que nos permitió quedarnos para que no nos agarrara la migra mexicana. Para no hacértela larga nuestro trayecto duró casi dos meses. Recuerdo que cuando nos decidimos cruzar para el Paso, Texas eran como las doce de la tarde. Hacía un calorazo pero así lo intentamos. Nos subimos a la barda, nos bajamos y empezamos a correr por los cerros. La migra nos miró y que nos sigue. Pero no pudieron agarrarnos. Duramos escondidos casi 7 horas. De donde estábamos mirábamos como el mosco daba vueltas alrededor nuestro. A eso como a la una y media de la madrugada hicieron cambio de guardia ahí la caseta de inmigración y que nos pasamos. Llegamos al Paso, Texas como a las 3 ó 4 de la madrugada. Ahí nos quedamos en un 7 Eleven. Un trabajador que estaba ahí nos regaló una coca, unas sabritas, pan y queso crema, pero también nos dijo: "aquí hay mucha migra, váyanse rápido de aquí." Horas más tarde llegamos a un parque donde había como unos 20 negros racistas que nos dijeron cosas, nos atacaron y nos fuimos de ahí. Después miramos a un compa que se dio cuenta que éramos inmigrantes y en su camioneta nos llevó a Las Cruces, Nuevo México. Nos dijo: "súbanse, yo los llevo." Yo le dije: "¿y si nos entregas a la migra?" Él dijo: "cómo creen que voy hacer esto." Él nos llevó a un santuario migrante. Nos quedamos ahí tres días. Después unos muchachos nos dijeron que nos regresáramos al Paso y que agarráramos el tren que nos llevaría a Tuczon, Arizona. Hicimos esto y cuando llegamos a Tuczon ¿qué crees? La migra estaba revisando los vagones. Les dije a mis amigos: "en cuanto abran la puerta brincamos." Y así fue, la migra abrió la puerta y los cuatros brincamos arriba de sus cabezas. Corrimos, corrimos y corrimos. Nos escapamos. Horas más tarde llegamos a otro 7 Eleven. Ahí miramos a un compa mexicano que nos reconoció como inmigrantes y nos llevó a su casa. Nos regaló ropa, nos dio comida y nos dejó dormir en la yarda de su casa. Ahí nos quedamos una semana. Él mismo nos compró boletos de tren que nos llevaría a California. Cuando llegamos a Los Ángeles empecé a llorar. Lo había logrado. No soy un tipo que vaya a la iglesia pero gracias a Dios estoy en donde estoy. Creo en Dios. Extraño mucho a mi madre. Le llamo por teléfono y he podido sacarla de la pobreza en que vivía. Sabes, yo que no conocí a mi papá, que nos abandonó cuando éramos niños, me gustaría un día crear un albergue. Yo quiero ayudar a los niños.

Salinas, California.

■ **Todavía recuerdo el viaje: de Nicaragua nos fuimos a Guatemala, lamentablemente el coyote nos abandonó ahí en este país**■

Mi papá dejó Nicaragua en medio de la guerra. La Contra nicaragüense estaba buscando jóvenes para pelear contra los soldados sandinistas y mi papá y mi tío al ver esa situación decidieron dejar el país. Mi papá emigró para Los Ángeles y en su pobreza estuvo durmiendo en los tambos de basura que estaban cerca de los restaurantes y 7 Elevens. Después se hizo camionero y se mudó a South San Francisco. Cuando se acomodó mandó traer a mi mamá, a mi abuelita y a mí en 1990. Para entonces yo tenía 9 años. Todavía recuerdo el viaje: de Nicaragua nos fuimos a Guatemala, lamentablemente el coyote nos abandonó ahí en este país. Después mi mamá le comunicó a mi papá que otro coyote nos pasaría a México. Llegamos a la ciudad de México y de ahí nos fuimos a Michoacán. Una tía, hermana de mi papá también vivía aquí en San Francisco y tenía un novio michoacano; él le avisó a su familia que nosotros llegaríamos ahí con ellos. Ya después pasamos la frontera y mi papá nos recogió de este lado. Ya han pasado 33 años y yo como mi tía me casé con un mexicano pero él es de Zacatecas. Tenemos dos hijas: Isabel y Catalina. En una semana mis hijas y yo visitaremos Nicaragua y estoy feliz por el regreso.

Perla, Stockton, California

■**Es mi hija la que me mantiene echándole ganas a la vida aquí en este país**■

Bueno siento que mi caso es distinto porque yo estoy aquí por asilo político. Allá en el Estado de México trabajaba en una peletería. No sé si usted sepa pero allá se vende mucha paleta. Lo malo de esto es que cuando una peletería se hace famosa pues vienen las extorsiones. Como yo manejaba la venta y la contabilidad del negocio pues me exponía mucho. Así que convencí a mi esposa de venirnos para acá porque era mucho el peligro por las extorsiones. La embajada americana examinó nuestro caso y nos otorgó una visa de asilo político. Mi esposa, mi hija y yo emigramos para acá pero las cosas no han salido como las imaginé. Al poco tiempo de llegar aquí un fulano empezó a cortejar a mi mujer. Ahora vivo solo en un apartamento. Mi ex esposa ya vive con ese hombre. Veo a mi hija seguido. Ella, mi niñita, es mi fuerte, es mi motor. Es mi hija la que me mantiene echándole ganas a la vida aquí en este país.

Enrique, San José, California

■Ahí a un ladito del Freeway nos estaba esperando un tráiler que era manejado por una güera, gabacha pues■

A mí me agarraron como 5 veces ahí en la frontera de Tijuana y San Isidro allá por los 80's. Pero lo chistoso era que la migra en ese entonces eran puros gringos que hablaban muy bien el español. Nos decían: "no se preocupen al rato lo vuelven a intentar." Yo me atreví a decirle a uno de ellos: "déjame pasar, no sean gachos." Y él nos contestó: "no te preocupes mañana pasan." Fue la sexta vez que lo intentamos si pudimos cruzar. Ahí a un ladito del Freeway nos estaba esperando un tráiler que era manejado por una güera, gabacha pues. Y como éramos un grupo de 20 migrantes íbamos todos bien derechitos en el traile. La güera manejó todo el 5. Pasamos Los

Ángeles, Bakersfield y terminó dejándonos cerca de Los Baños. Y de ahí cada uno de nosotros tomó su rumbo. Unos para el norte, otros para el sur y otros para otros lados. 7 años después, yo ya me había casado, arreglé porque mi esposa se hizo ciudadana. Un año antes, en el 86, Ronald Reagan dio amnistía a muchos inmigrantes indocumentados. Pero como le digo fue mi esposa quien me arregló. A ella le debo mis documentos.

Carlos, Fresno, California

■**Me gustan mucho las mujeres pero ellas quieren quitarme mi dinero**■

Me llamo Eron y soy originario de Coachapa El Grande, Guerrero. A mí me cobraron $11, 500 dólares para cruzar pa'ca. Crucé por Sonora y me tomó 4 días y 4 noches. Trabajo en el campo cortando brócoli y ya mero pago lo que me prestaron para el coyote. Estoy casado, tengo a mi esposa y a mis hijos allá en Guerrero. En el "fil" gano $900 dólares a la semana. Es trabajo duro. A veces trabajamos 10 ó 12 horas. Aquí me siento solo porque no tengo a nadie de mi familia. De vez en cuando vengo aquí a la barra y me distraigo platicando o viendo mujeres. ¿Sabes? Me gustan mucho las mujeres pero aquí ellas nomas quieren quitarme mi dinero. No sé pero tengo que ahorrar para mandarle a mi familia.

Soledad, California

■**Tengo un año viviendo aquí. Mi sueño es regresar en 5 años y tener una casa, una camioneta y mi propio negocio**■

Cuando me vine para acá no le avisé a nadie, solamente sabían mis papás y mi esposa. Cuando mis hermanos y primos se enteraron me andaban buscando por todo San Cristóbal pero yo ya iba llegando a Sonora (risas). Me mandaban mensajes por teléfono diciéndome: "¿dónde andas? Andamos todos preocupados por ti." Y yo les decía: "ando paseándome." Les decía esto porque si no cruzaba no quería sentir vergüenza al regresarme. A mí me cobraron $12,000 dólares. Un amigo chiapaneco me ayudó, él mismo me hizo el contacto ahí en la frontera. Di como anticipo $140,000 pesos y ya ahorita solamente debo $2,500 dólares. Tengo un año viviendo aquí. Vivo solo. Mi sueño es regresar en 5 años y tener mi casa, una camioneta y mi propio negocio. Allá en San Cristóbal miraba a los ricos, a los ganaderos tener vacas, becerros, chivos, puercos, guajolotes, hasta venados. Se la llevaban comprando y vendiendo. Mis papás y mis hermanos son Tzeltales y crecieron en la comunidad por eso ellos hablan el idioma antiguo. Como yo crecí en la ciudad pues sólo hablo español. Allá en Chiapas va mucho gringo, mucho turista y visitan la ciudad y las bonitas ruinas mayas.

Víctor, Soledad, California

■**Ya mero me regreso. Después no sé a dónde me mandarán ya que como le dije venimos contratados por 6 meses**■

He trabajado en muchos estados aquí en Estados Unidos. He estado en Atlanta, Florida, las Carolinas, Michigan y ahora estamos aquí en California trabajando en el campo. Mi esposa, mis hijos y mi mamá viven conmigo allá en San Luis Potosí. Yo vivo a un lado de la Huasteca, un lugar bellísimo donde "se puede tocar el cielo con las manos." Ahí tiene su casa cuando quiera. Ahí a un lado de mi casa se puede ver la naturaleza en su total plenitud. En este lugar se siente una paz, una tranquilidad. Ya mero me regreso. Después no sé a dónde me mandarán ya que como le dije venimos contratados por 6 meses.

Hugo, Soledad, California

■Está difícil mi situación. No tengo papeles y no he podido ver a mi mamá desde hace muchos años■

Mi nombre es Bartolomé y soy originario de San Martín de Peras, Oaxaca. Crucé hace 15 años por la frontera de Sonora. Me tomó 4 días y 4 noches el cruce. Durante el viaje solamente comí nachos (totopos) con vinagre y agua. Aquí conocí a mi mujer que también es de mi comunidad. Tengo 28 años y trabajo piscando fresas. Vivo con mis dos hijos y al mes siguiente nacerá mi tercera criatura. Está difícil mi situación. No tengo papeles y no he podido ver a mi mamá desde hace muchos años. Ella me extraña porque nos queremos mucho. Hablamos en Mixteco ya que ella se siente más a gusto hablando en su idioma indígena. Haber cuando voy a verla. Está difícil ya que mi situación no es fácil. La extraño mucho. No se imagina cuánto, créame.

Salinas, California

■Préstame para comprarme una caguama ¿sí paisano?■

Me llamo Kevin y trabajo en el chícharo. Una cosa que no me gusta es que entre nosotros nos hagamos menos. Aquí me hacen sentir mal mi propia gente porque soy de Oaxaca. Yo ya no tengo sueños como antes cuando recién vine. Ahora casi todos los fines de semana me la paso siempre pedo. No tengo dinero ahorita para curármela. Yo cuando traigo feria me meto con putas porque las mujeres no son de nadie. Antes cantaba en las fiestas y me sentía bien. Ahora sólo quiero curármela. Ustedes tienen papeles y les dan su desempleo pero a mí no. Préstame para comprarme una caguama ¿sí paisano?

Greenfield, California

■ **Lo que se me hacía chistoso era que los chicanitos eran más prietos que yo**■

Soy de Sinaloa y emigré al norte siendo muy niño. Tenía 11 años cuando llegué a Greenfield. Académicamente venía preparado así que cuando mi mamá me metió a la escuela estaba más aventajado que mis compañeros de clases. Pero ya ve usted, donde quiera hay niños tremendos que le hacen la vida imposible a uno y en la primaria pues fui víctima de discriminación por parte de algunos niños. Me miraban feo, me insultaban y me decían palabras ofensivas como paisa o jagger y eso me dolía, me calaba. Pero lo que se me hacía chistoso es que los chicanitos eran más prietos que yo. Hoy el tiempo ha pasado, me gradué del colegio y ahorita estoy terminando una maestría en la universidad de Sacramento. No sé qué habrá sido de las vidas de esos niños. Sé que algunos terminaron mal, se metieron a las pandillas, cayeron a la cárcel o los mataron. No los juzgo porque muchos de ellos crecieron sin papá y eso está difícil. Aquí muchos de los pandilleros no tienen una buena figura paterna y por eso ellos buscan "la hermandad chola" como forma de protección. Yo también crecí sin papá allá en Sinaloa pero como usted sabe allá en México uno crece diferente. Mi abuelo fue mi padre y gracias a él y a mi madre, que admiro tanto, pude seguir adelante.

José López, Greenfield, California

■ **Yo le arreglé a mi hijo pero a él no le gusta venir para acá aunque tenga papeles** ■

Me llamo Ramón y soy originario de San Diego de Alejandría, a un lado de San Juan de los Lagos donde está la virgencita. Vengo a trabajar al apio por temporadas aquí en Soledad y después regreso a mi pueblo. Le arreglé a mi hijo pero a él no le gusta venir para acá aunque tenga papeles. Él está a gusto allá. Ni sé para qué lo arreglé. Aquí hago mi dinerito y me regreso a vivir a mi pueblo unos cuantos meses con mi familia. ¿Cómo me divierto allá? Pues ahí platicando, tomando con los amigos y viendo como se pasa la vida.

Soledad, California

■ **Así estuvo por mucho tiempo hasta que crecimos y le dijimos que nosotros éramos su verdadera familia** ■

Haber como le explico: mi papá cuando se vino de México él ya estaba casado y tenía su propia familia. Aquí conoció a mi mamá y se juntó con ella. Al principio mi mamá no le decía nada pero después ya no lo dejaba ir tan seguido. Así estuvo por mucho tiempo hasta que crecimos y le dijimos que nosotros éramos su verdadera familia. Como su hija trato de entender y sé que es duro porque sufre. En verdad no lo juzgo, ha de ser difícil para él y esa familia que él crió allá. Mi papá tiene ya muchos años sin regresar a México. Asumo que secretamente le sigue mandando un poco de dinero a esa familia. Pero aquí él tiene su familia verdadera y tiene que estar con nosotros. Ya personalmente no le toco el tema.

Xóchitl, San José, California

■ **La última vez que fui a Guadalajara miré cómo trataban cruelmente a los inmigrantes haitianos**■

Yo soy de un rancho cerca de Zapotlanejo. Tengo viviendo aquí en Salinas más de 40 años pero regreso seguido a mi ranchito. Cuando estoy allá me gusta mucho ir a Tepatitlán, a San Juan de los Lagos, a San Miguel y por supuesto a Guadalajara. Esta última vez que fui, ahí en el mercado de San Juan de Dios, miré cómo trabajaban los inmigrantes haitianos. Estaba una señora ayudándole a la dueña de un puesto a vender sandalias, huaraches y tenis. La dueña del negocio nomás estaba regañando a la "negrita." La ofendía cruelmente. Yo la defendí porque eso no está bien. Miré como los haitianos pedían dinero y hacían por ayudar para ganarse algo. A mí sí se me hizo triste como esos pobres inmigrantes haitianos sufren ahí en Guadalajara.

Jesús, Salinas, California

■**Se imagina ver cómo se celebra el Día de los Muertos en el mero Janitzio… Es lo más religioso-cultural que puede haber ¿no cree?**■

Mire yo nací en Michoacán pero soy criado en California y a pesar de que tengo casi toda mi vida viviendo aquí yo no me siento americano sino mexicano. Esta última vez que fui pa' allá me la pasé bien suave. Visité Pátzcuaro y Janitzio. La mera verdad Pátzcuaro está muy bonito, su arquitectura bien padre, como si el tiempo se hubiera detenido y luego su gente muy amable. Y que le digo de Janitzio, ahí es un lugar mágico, bien cultural, ese día había gente de todas partes del mundo, puro turista. En el cementerio teníamos que hacer cola para entrar y ver como celebraban el Día de los Muertos. No sé cómo explicarle pero ese día fue muy especial. Se imagina ver cómo se celebra el Día de los Muertos en el mero Janitzio. No creo que haya otro lugar como ese. Es lo más religioso-cultural que puede haber ¿no cree? Y luego llevé a mi hija. Me siento muy orgulloso de mi cultura y más porque puedo compartirla con mis hijos.

Leonardo, Salinas, California

■**Tuve que decidir entre la familia que tenía en México y la nueva familia que tengo aquí en los Estados Unidos**■

Mi nombre es Fermín y emigré ilegalmente hace 26 años. Durante los primeros años frecuentemente visitaba a mis padres y hermanos allá en México. Ahora tengo más de 20 años que ya no voy. Tuve que decidir entre la familia que tenía allá y la nueva familia que tengo aquí. Estoy a punto de arreglar mis papeles por medio de mi hija que es ciudadana. Me han dilatado mi residencia en forma de castigo porque como le dije yo iba y venía sin papeles. Ahora gracias a mi hija ya mero tendré mis documentos. Espero que las veces que fui a mi pueblo no me afecten tanto para poder arreglar y nuevamente poder visitar a mi familia allá en Michoacán.

Soledad, California

■**Una triste realidad dejar la tierra que lo vio nacer, donde la mayoría de la gente amaba vivir**■

Una triste realidad dejar la tierra que lo vio nacer, donde la mayoría de la gente amaba vivir pero por una razón u otra tuvimos que abandonar con incertidumbre, tristeza y sentimiento. (Extracto sacado de un comentario en Facebook)

Manuel, Salinas, California

■En México me trataron muy bien. Son lindos los mexicanos. Son muy buenas personas■

Soy Henry y soy de Guatemala. Tengo viviendo aquí en el norte poquito más de dos años. Antes de llegar aquí a California viví en Toluca por casi 2 años. Allá me trataron muy bien. Son lindos los mexicanos. Son muy buenas personas. Cuando crucé tuve la suerte de pasar por Arizona sin pagar nada. Ese día que brinqué la línea miré que la migra se distrajo y que me cruzo. Viví en Yuma por cierto tiempo trabajando en la lechuga. Ahora vivo en Salinas y entre semana trabajo en el fil y los fines de semana vendo hotdogs aquí en San Francisco.

San Francisco, California Pier 39

■¿Sabe? Yo me traje a mi marido de El Salvador■

Hola soy Esperanza y como mi nombre lo indica siempre tuve la esperanza de llegar con bien al Norte. Emigré hace 34 años. Yo solita crucé 3 fronteras diferentes: Guatemala, México y Estados Unidos. Me vine en plena guerra civil (1985) dejando a mi marido con dos hijas chiquitas. Una amiga que vivía aquí me prestó el dinero y decidí arriesgarme a la aventura. Después que logré cruzar (en una cámara de llanta por el río Bravo) empecé a trabajar aquí en la ciudad y tiempo después le mandé dinero a mi esposo para que se viniera con mis hijas. ¿Sabe? Yo me traje a mi marido de El Salvador. Ya cuando se cruzaron y con el tiempo tuvimos un hijo que nació aquí en San Francisco. Él es ciudadano americano y forma parte de las fuerzas armadas de este su país. Hace poquito nuestro hijo nos regaló una hermosa nieta que es la adoración de esta pequeña familia salvadoreña.

San Francisco, California

■¿Cómo se siente que haitianos, venezolanos estén viviendo en mi país de origen?■

Me llamo Jaime y soy dominicano, mi madre es puertorriqueña. Yo no tuve problemas al entrar a este país por la ciudadanía de mi madre. Llegué en 1983 y poco a poco me pude adaptar aprendiendo el idioma y aceptando ciertas costumbres norteamericanas. Ahorita muchos haitianos y venezolanos están llegando a mi país de origen y trabajan en empleos de obra barata. Para mí está bien que busquen refugio en la República Dominicana o en México. Sé que ahorita hay centroamericanos, haitianos y ucranianos en Tijuana haciendo sus propias comunidades mientras emigran para acá y esto debe de concientizarnos. El mundo está cambiando y hay mucha necesidad. ¿Cómo me siento que los haitianos y venezolanos estén viviendo en mi país de origen? Pues si este país me brindó sus puertas ¿por qué el mío no ha de brindárselas a otros?

Salinas, California

■No sé qué pienses tú pero uno vive aquí como mecanizado, como robot y en cierto sentido la vida no nos sabe a nada■

Me llamo Víctor, trabajo en la construcción y soy de Guanajuato. ¿Te has preguntado por qué aquí el tiempo pasa volando? No en verdad, allá en mi pueblo me acuerdo que pasaba bien lento. La gente no andaba como aquí sobre el reloj. Allá uno se tomaba su tiempo y no andaba tan presionado. ¿Por qué será en verdad? No sé qué pienses tú pero uno vive aquí como mecanizado, como robot y en cierto sentido la vida no nos sabe a nada. Siento que allá aunque hay pobreza se siente más la vida.

Stockton, California

■Yo soy Karen Guadalupe. Mi madre me arropó con su nombre porque yo soy un milagro de la Virgen■

Para mí mi madre es la persona que más respeto y admiro. Gracias a ella mis hermanos y yo tenemos la oportunidad de vivir en este país. Ella, mi madre, ella solita nos trajo a todos para acá. Siempre le hemos agradecido su esfuerzo por habernos brindado esta oportunidad. Yo soy Karen Guadalupe. Mi madre me arropó con su nombre porque yo soy un milagro de la Virgen. Recuerdo que mi madre me contaba que yo de niña estaba a punto de morir y ella hizo una manda a la morenita para que yo me salvara. Y así pasó. Me salvé y mi madre siempre dijo que yo fui un milagro. Aunque siento que el verdadero milagro fue la bondad y la valentía de mi madre al arriesgarlo todo y traernos para acá. Ella ya faltó pero siempre que rezo el recuerdo de mi madre se alumbra en mi corazón. Soy católica, creyente de la Guadalupana y llevar su nombre es un honor. Pero no sé, la misma devoción que siento por la Virgen la siento por el amor a mi madre. Es como si fuese el mismo amor pero transformado en una ternura que me cuida y me protege.

Salinas, California

■**Como te digo, me imagino su dolor mas yo no lo viví**■

Me llamo Juan y soy de Miravalles, un ranchito cerca Acatlán de Juárez, Jalisco. Pues yo la mera verdad no sufrí como otros inmigrantes porque no viví la experiencia de brincar la frontera. Eso de cruzar por el desierto, por las montañas, por el río ha de ser cabrón. Yo llegué a Estados Unidos con papeles gracias a mi jefa que nos arregló y por más que quiera identificarme con mis paisanos pues no puedo. Como te digo, me imagino su dolor mas yo no lo viví.

San Bernardino, California

■**Me separé de mi esposa e hijos. Ellos viven en Chicago y yo aquí en California**■

Soy Cipriano y allá de donde soy se da mucho el maíz. Es buena tierra. Estamos cerca del Nevado de Toluca. No sé si usted sepa que las tierras cercanas a los volcanes son muy fértiles. Yo voy a México cada año. Me separé de mi esposa e hijos. Ellos viven en Chicago y yo aquí en California. Mi padre vive en Tonatico, Edo. De México. Me gusta visitar a mi papá y allá yo soy feliz, estoy muy en paz. Sólo arreglo mi desempleo y voy a visitarlo nuevamente. Allá tengo unas tierras que siembra mi sobrino. Ahí lo ayudo y se ayuda. Un día me dijo: "tío, gracias a usted no necesité norte."

Salinas, California

■**Una vez que me operen me regreso a Morelia. He ahorrado un dinerito para poner una panadería**■

La verdad es que estoy cansado de vivir aquí en Los Estados Unidos. Tengo 7 años viviendo en este país pero ya mero me regreso. Sufro de un problema del riñón por el cual me tienen que hacer diálisis de sangre cada 2 días. Ya estoy en línea de espera para recibir un riñón nuevo. Una vez que me llamen y me operen me regreso a Morelia. He ahorrado un dinerito para poner una panadería ahí en la ciudad. Con el favor de Dios estoy en espera de un donante y en cuanto esto suceda me regreso.

Raudel, Prundale, California

■Como te digo ahí en el ejército sí existen tensiones raciales entre los diversos grupos étnicos■

Ahí en las fuerzas armadas también hay discriminación y racismo. La raza juega un papel muy importante en si ascienden de rango. Personalmente todavía recuerdo a un teniente gringo que me dijo: "cuando traigas uniforme militar no hables español." Eso me calentó. También entre mexicanos y mexicoamericanos hay tensiones ya que algunos chicanos se sienten más norteamericanos que nosotros los que hablamos español. Como te digo ahí en el ejército si existen tensiones raciales entre los diversos grupos étnicos.

Soledad, California

■La verdad que era antes muy bonito cruzar todos estos estados para llegar a tu tierra■

No hay como los padres de uno, yo iba seguido a México a visitarlos. Ahora solamente tengo dos hermanas allá. Ahora que faltaron ya no es lo mismo pero de todos modos me echo mis vueltecitas. Recuerdo que antes iba manejando y pasaba

Chihuahua, Durango, Zacatecas, Aguascalientes, Jalisco hasta que llegaba a Guanajuato. La verdad que antes era muy bonito cruzar todos estos estados para llegar a tu tierra; cuando manejas miras todo tipo de paisajes: desierto, montañas, valles, bueno toda la naturaleza. A mí me gustaba mucho pasar por Chihuahua porque ahí cerca de Jiménez vendían unos burritos muy sabrosos. Este diciembre voy a ir pero en avión, ya no en camioneta como lo hacía antes, ya es muy peligroso. Ir a México en Navidad es muy bonito. Ojalá esta vez que vaya me hagan unos tamalitos o un pozolito.

Carlos, Stockton, California

■**Soy Saúl, indígena y nací en Oaxaca. Mi hijo nació aquí pero no le gusta hablar ni triqui ni español**■

La última vez que fui a Cerro de Cabeza fue hace como nueve años. Allí viven los papás. En Oaxaca hay muchos pueblitos y ranchitos de distintas comunidades indígenas. Yo pertenezco a la comunidad Triqui. Hay dos dialectos distintos de la lengua triqui: el alto y el bajo. La diferencia entre los dos es que el Triqui Alto se habla más rápido que el Triqui Bajo que hablamos nosotros. Mi hijo nació aquí pero no le gusta hablar ni triqui, ni español, a él le gusta más hablar inglés. Allá en Cerro de Cabeza es muy distinto que acá. Allá hay un líder comunal que obedecemos. Esta última vez que fuimos a mis hermanos y a mí nos pidieron dinero. Nuestro líder comunal está con el gobierno y nos obligan a hacer marchas, protestas y eso no nos gusta. Aquí la comunidad triqui también tiene líderes comunales pero es diferente. Los Triquis que vivimos aquí ya no tenemos confianza en los líderes comunales de allá porque cuando regresamos nos obligan hacer cosas que a nosotros no nos gustan.

Greenfield, California.

■**La que manda en mi casa soy yo. No importa que nuestros hijos estén estudiados no hay que dejarlos que se no suban a la cabeza**■

Mire, para mí la educación siempre ha sido lo más importante. Cómo luché para que mis tres hijas fuesen a la universidad. Si le platico hasta risa le va dar. Miré yo siempre he creído que con los hijos hay que tener mano dura para que no se salgan del carril. Fui recia con mis muchachas para corregirlas y ayudarlas. Ese de depender de un hombre no es bueno, dígamelo a mí que me tocó uno violento y por eso lo dejé. No, eso no. Nada de eso. Yo quería que mis hijas tuvieran un título en su mano y si después querían casarse pues ya era asunto de ellas. Pero déjeme le sigo contando. Yo desde que migré de Teocaltiche, Jalisco a mis 17 años siempre viví en el Este de Los Ángeles. Trabajé en varios trabajos: en una empacadora de papa, en fábricas de ropa, con una diseñadora de ropa elegante y en la limpieza de oficinas. Pero eso sí, siempre estuve al tanto de la educación de mis hijas. Siempre me informaba como iban en sus calificaciones y por eso me involucré en la junta de padres de familia. Se llamaba organización madres del Este de Los Ángeles. ¿Le platico algo? Llegué al grado de llevar un cinto a la escuela, abría la puerta del salón y le decía a la maestra: "excuse me" y les enseñaba el fajo amenazándolas para que estudiaran duro. Hoy gracias a eso mis tres hijas se graduaron de la universidad y mis nietos siguen el mismo camino. A otra cosa.

La que manda en mi casa soy yo. No importa que nuestros hijos estén estudiados no hay que dejarlos que se no suban a la cabeza. Ahorita que le estoy contando mi historia estoy recordando una vez que dos de mis hijas empezaron a discutir sobre un tema o clase de la universidad y se alzaron la voz y no se callaban hasta que les dije: "aunque me tenga que subir a una mesa para estar más alta que ustedes pero la que manda aquí soy yo." El otro día mi nieto en un restaurante me dijo: "¿abuela tú no tienes educación?" Y le digo: "mira mijo yo tengo más educación que tú en los pies que tú en tu cabeza. No me vuelvas a corregir en frente de la gente. Si lo vas hacer hazlo en mi casa. Es más no. Porque en mi casa mando yo." Mira este muchacho igualado.

Juanita Barrera, Los Ángeles, California

■**Siendo inmigrante y haber formado parte del ejército de este país me hizo ver la vida diferente**■

Soy Eleno y soy de Guadalajara. Allá estudié la secundaria y la preparatoria, pero luego me di cuenta que ahí en la ciudad había mucha corrupción mental y social en las personas. Eso no me gustaba y en 1978 a los 21 años terminé emigrando a los EE. UU. Aquí ingresé al ejército norteamericano e hice una carrera militar. Haber formado parte durante más de 20 años en las fuerzas armadas me hizo crecer como persona. Aquí en el ejército me ayudaron a ver la vida muy diferente. Trabajé en el servicio médico ayudando a mucha gente alrededor del mundo. Te doy un ejemplo: cuando estaba la guerra sandinista en Nicaragua nosotros apoyamos a La Contra nicaragüense. Como personal médico les brindábamos ayuda a las personas de la frontera de El Salvador y Honduras.

Nuestra base militar estaba en Panamá y cuando las fronteras vecinas de Nicaragua eran golpeadas nosotros ofrecíamos ayuda y asesoramiento a estas comunidades. Otro escenario donde siento que el ejército me hizo ver la vida diferente fue cuando estaba en Turquía. En aquella nación me sorprendió bastante el trato de los musulmanes a las mujeres. Ellas no tenían derechos como las mujeres europeas o americanas. Parece que no pero siendo migrante y haber formado parte del ejército de este país me hizo ver la vida diferente.

Salinas, California

■¿Usted dice que para carnitas Tepa? Cómo se mira que nunca ha ido a Quiroga ¿verdad?■

Mira la mera verdad yo iba seguido a México y cuando andaba por allá me la pasaba puebleando. Hay muchos pueblitos muy pintorescos por allá. En Michoacán, en Jalisco, en Guanajuato y en Zacatecas. Pero la verdad, la mera verdad, a mí me gustó mucho Nochistlán. No porque usted sea de allá sino porque la gente de ese pueblo es muy amable, muy educada. Además su birria ahí en el mercado es de lo más buena. Buena birria en verdad ahí en Nochis. Otra cosa: ¿usted dice que para carnitas Tepa? Cómo se mira que nunca ha ido a Quiroga ¿verdad?

Sergio, Salinas, California

■Aquí la vida es muy aburrida para la gente mayor porque se la pasan encerrados■

Cuando mis papás se retiraron mi papá quería irse a México pero mi mamá no, ella quería estar aquí con nosotros. Mi jefe decía que ya estaba harto de este país y que si ella no lo seguía pues él se iba a ir a vivir allá solo. Siento que este es un problema de muchas parejas mayores y los hijos deberían de ayudar. Mira sé de parejas que se separaron por esa razón. Unos hombres se quedan con su mujer aquí pero quieren estar allá. Otros se fueron pa' allá y ahora viven con una mujer más joven que ellos. Otro caso es el de parejas que van y vienen pero cuando regresan ya no se hallan aquí. Sé de mujeres que sus maridos están allá y ellas están aquí cuidando a los nietos. Siento como que ciertos hijos las usan. La verdad allá es más libre la gente. Hacen vida hablando con los demás, visitan a sus familiares o si tienen un ranchito con animalitos pues ahí se la pasas a gusto. Aquí no, aquí la vida es muy aburrida para la gente mayor porque se la pasan encerrados.

Adán, King City, California

■¿**Oye, al papá de tu amiga lo van a enterrar aquí o allá en México?**■

-¿Oyes celebraron el Día de Reyes?
-No, bueno sí, pero no en mi casa sino en la de una amiga. Ahí llevaron 2 roscas y ¿qué crees? me salió el niño.
-Pues te tocan los tamales mi'ja. ¿Oye pero que no acaba de morir el papá de tu amiga?
-Sí pues. Ahí mismo en su casa llevaron las roscas.
-¿Oye y a su papá lo van a enterrar aquí o en México?
- Pues mi amiga dijo que están haciendo una colecta para llevárselo a Chupícuaro.

Soledad, California

■Hoy mi país es distinto ya que Bukele puso mano dura a todas las maras■

Soy Walter y tengo 12 años viviendo en California. Soy de El Salvador, de ahí de la mera capital. En 2010 en el país entero había mucha inseguridad y violencia debido a las pandillas. En los diferentes cantones se respiraba y se sentía una inseguridad muy fea. Ahí en San Salvador, la capital del país, no se podía caminar o recorrer tres cuadras porque había el peligro de ser brincado por las maras. Hoy mi país es distinto ya que Bukele puso mano dura a todas las maras. Antes se creía que si encarcelaban y mezclaban a las dos pandillas se iban a matar pero eso no ha pasado. Este presidente le ha dado paz al país. Yo no puedo regresar por mi situación pero un día deseo ir y respirar esa tranquilidad que no logré vivir por eso de las maras. Como te digo cuando yo vivía allá había mucha violencia e inseguridad no sólo en la capital sino en los diferentes departamentos del país.

Seaside, California

■"Yo le prometí a mi familia que cruzaría la frontera." Créame, esas palabras las tengo en mí. Las llevo en mí. Están en mí■

Una de las cosas más tristes que he vivido fue ahí en la frontera al ver morir a un hombre de la ciudad de México. Yo lo miré morir porque se cayó desde arriba de la barda. Como le digo se cayó de la cerca y se rompió el estómago. Aventó, arrojó todo lo que llevaba en la panza. Una cosa verde, fea en verdad. Lo último que lo escuché decir fue: "yo le prometí a mi familia que cruzaría la frontera." Créame, esas palabras las tengo en mí. Las llevo en mí. Están en mí. No sé pero siento que mucha gente que vive en este país no se da cuenta o no sabe apreciar el valor de la vida. ¿O será así porque yo viví esa experiencia ahí en la frontera?

Ismael, Salinas, California

■El coyote dijo: "debe de tener unas 3 ó 4 horas muerta. Lo más seguro es que le picó una víbora"■

Todo aquel que cruzó la frontera jamás olvidará lo que vivió. Mira yo soy de La Purísima Concepción un ranchito allá en Guanajuato. Mi experiencia migratoria es la siguiente: mi abuelo juntaba gente allá en el pueblo para traérsela para acá y por eso yo no pagué nada. En aquel tiempo, te estoy hablando el 2004, se pagaba entre $1000 a $1200 dólares pero como mi abuelo traía mucha gente del pueblo pues a mí no me cobraron. Nos tomó 3 días cruzar. Cruzamos por Alta, Sonora pero lo que uno mira en el trayecto es de contarse. Íbamos como 180 personas. Las mujeres iban en frente y los hombres íbamos atrás. Una hilera de personas que se miraba. Cuando subíamos un cerro miramos una línea grande de personas bajando. En el trayecto miramos a una mujer muerta a un lado del camino. El coyote dijo: "debe de tener unas 3 ó 4 horas muerta. Lo más seguro es que le picó una víbora." Me dio miedo escuchar eso pero teníamos que seguir. Eso sí el coyote era muy responsable y siempre nos dijo que nos iba a pasar. Eso nos daba esperanza. Lo que sea de cada quien pero ese coyote era muy bueno. Siempre muy positivo y con ganas de ayudarnos. Nos decía: "yo los voy a cruzar, nadie se me va a quedar." Recuerdo que uno señor se lastimó, creo que se falseó su tobillo y él se lo llevó cargando. Cuando se cansaba le decía a los demás que lo ayudáramos y ahí entre todos lo cargamos. Recuerdo que llegamos como a una fábrica y ahí ya nos estaban esperando como unas 8 vans. Eran vans blancas, nuevas, pero sin asientos. Ahí nos subimos todos bien acomodaditos. Recuerdo que evitamos el retén de San Clemente y el coyote dijo: "ya estuvo, ya la hicimos." Recuerdo que en el camino nos daban de comer burritos o tortas. Después llegamos a Visalia a un rancho de naranja y ahí había dos casas. Esas casas no estaban amuebladas, estaban vacías. Ahí nos quedamos. En esas dos casas había otros inmigrantes y mujeres que estaban cocinando para darnos de comer. Recuerdo que ahí nos preguntaron: "¿quién va a Sacramento? ¿A Oakland? ¿A Salinas? Los que íbamos para Salinas levantamos la mano y nos subieron a una van. Y los que iban para otros lados pues a otras, y así pues. De eso ya hace casi 20 años. Mira allá en México tengo un hijo que no conozco por mi situación pero siempre le he mandado dinero y le tengo una casa a su nombre. Ahí vive con su mamá. Ella y yo no estamos juntos pero mi hijo tiene viviendo ahí a su mamá. Y está bien. Le acabo de decir a mi patrón que le saque a mi hijo un permiso como contratado. Me lo quiero traer para acá. Él sí quiere venir. A ver si le dan un permiso y me lo traigo.

Juan José, Soledad, California

■**Como no quería poner en peligro la vida de mi familia decidí emigrar. Fui al consulado ahí en Bogotá y me dieron una visa de turista**■

Soy Lucho de Medellín en el departamento de Antioquia. Cuando vivía allí era estudiante universitario y hacía proselitismo para un candidato de gobernación. La guerrilla FARC (Fuerzas Armadas Revolucionarias de Colombia) empezó a perseguirme y asustarme con amenazas. Como yo no quería poner en peligro la vida de mi familia decidí emigrar. Fui al consulado estadounidense ahí en Bogotá y me dieron una visa de turista. Viajé a Miami y viví en Tampa por 5 años hasta que opté venirme a California. Aquí conocí a mi esposa y tenemos una hija preciosa. Mi señora es mexicana (se ruboriza). En estos años he regresado a Colombia a visitar a mis padres. Cuando estoy allá me gusta mucho ir a ver los partidos de fútbol. Me siento muy colombiano viendo los partidos ahí en el estadio del Atlético Nacional. ¿Sabes una cosa? ¿Te acuerdas de Andrés Escobar? ¿El defensa de la selección que metió un autogol en el Mundial del 94? ¿Al que los narcos lo mandaron asesinar? Allá en Medellín íbamos mi familia y la de él a la misma iglesia.

Soledad, California

■**Está bien que hayan hecho de César Chávez y Dolores Huerta héroes pero yo no puedo olvidarme del sudor de mi madre soltera**■

Mira no me lo tomes a mal pero yo personalmente no tengo ningún respeto o admiración por César Chávez o Dolores Huerta. ¿Sabes por qué? Porque todavía recuerdo como aquí en Soledad mi mamá siendo madre soltera tenía que trabajar muy duro y esos cabrones huelguistas insultaban y atacaban a las personas que tenían que trabajar en el campo. Mi mamá tenía que levantar a mis hermanos para que la acompañaran porque todos los huelguistas la insultaban y les tiraban piedras cuando se subían al camión agrícola. En parte está bien que hayan hecho de César Chávez y Dolores Huerta héroes pero yo no puedo ni debo olvidarme del sudor de mi madre soltera y lo tanto que sufrió con sus seguidores.

Martha, Soledad, California

■**Disculpa, ¿Cuánto vale el dólar en pesos?**■

-Disculpa, ¿Cuánto vale el dólar en pesos?
-Si manda $100 vale $19.05 pesos. Pero si manda más de $150 vale $18.80.
-¿Y cómo es eso? Cómo si mando $100 vale a $19.05 y si mando más de $150 a $18.80. No entiendo.
-Pues apenas empezaron hacer esto este año
-¿Y por qué eso? (enojada)
-Pues yo no sé disculpe. Aquí en la panadería yo sólo ayudo a la gente a mandar dinero usando esta computadora.

Soledad, California

■**En el 2019 mi esposo y yo casi morimos quemados en el incendio de nuestro negocio**■

Nosotros somos Nora y Félix y somos de Veracruz. Como todos los inmigrantes tenemos una historia de dolor pero también de esperanza. Hace 33 años emigramos y hasta la fecha no hemos podido arreglar. Recuerdo que cuando pasamos tuvimos que adentrarnos en un canal de aguas negras lleno de lodo. Mi esposo iba enfrente y yo atrás. Recuerdo que conforme iba cruzando me iba hundiendo más y más hasta que las aguas me iban tapando y poco a poco perdí el conocimiento. Recuerdo que un señor alto, blanco, con camisa a rayas como de vaquero me sacó de las greñas.

Pasamos en julio de 1990. Mi esposo y yo siempre hemos estado muy unidos. Antes vivíamos en San José pero hoy vivimos aquí en Gilroy y tenemos nuestro negocito. Pero como es la vida oiga, no me va a creer, en el 2019 mi esposo y yo casi morimos quemados en el incendio de nuestro negocio. Mire déjeme le explico: nosotros dormíamos en la parte de atrás de nuestra tienda y unos homeless o gente mala nos quemó la tienda por la parte de atrás. Recuerdo que estábamos dormidos y nuestro perrito "Benjamín" se me subía al pecho y me rascaba con sus manitas y gemía para avisarnos que algo estaba pasando. El incendio pasó el 12 de diciembre a las 3:55 de la madrugada, el mero día de la Virgen de Guadalupe. El "Benji" nos salvó, él fue el que nos despertó. Pero lo que se me hace más raro o milagroso es que ese día tenía mi celular ahí a un lado de mí y no me va a creer pero el celular grabó la imagen de la figura de la guadalupana. Sí en verdad, en mi celular quedó grabada la imagen de la virgencita. También quedó grabado el audio del incendio. De hecho no sé si conozca a Sandy Santos la periodista de noticias Telemundo, ella iba a hacer un reportaje de lo sucedido pero siempre no pudo creo que se lo impidieron. Oiga usted, también pasamos lo de la Pandemia. Eso fue rete feo. Pues como usted sabe, eso lo del Covid-19 fue feo para todos ¿verdad? Pero pues uno tiene que seguir adelante y la vida sigue. Pero unidos mi esposo y yo lo afrontamos todo. Ya se me olvidaba: tenemos un hijo de 41 años y un nieto que es nuestra adoración. Ese nietecito nos alegra la vida y es otro motor para seguir adelante.

Gilroy, California

■¿Qué opino de la Ley Anti-inmigrante del gobernador Ron DeSantis?■

Soy Luis, dominicano. De niño mi padre me sacó de la isla para llevarnos al Bronx. Ahí crecí hasta que mi papá decidió regresar a la isla por la violencia y la drogadicción que se vivía en la ciudad. Ya de joven volví a regresar a Nueva York y seguí viviendo la misma violencia. Decidí venirme para la Florida y aquí estoy más a gusto. Aquí en el aeropuerto de Orlando me dedico a recoger las maletas de las personas y llevárselas a sus coches. También soy Uber y de ahí sacó otro dinerito. ¿Qué opino de la Ley Anti-inmigrante del gobernador Ron DeSantis? Pues aquí ha afectado a muchos trabajadores de la construcción, a los jardineros y a las personas que trabajan en la agricultura, sobre todo a los mexicanos que trabajan en la naranja, en la fresa o en la sandía. Yo tengo mis documentos legales así que no tengo miedo pero hay muchos inmigrantes latinos que viven con mucho temor.

Orlando, Florida

■**Espero en Dios, Amén que así sea, todo nos vaya mejor como familia**■

Soy Marcela, mi esposo y yo somos venezolanos y apenas tenemos dos años viviendo aquí en la Florida. Llegamos con visa de turista pero estando aquí decidimos solicitar asilo político. Ahorita estamos en proceso, espero en Dios, Amén que así sea, nos otorguen la residencia. Por la situación tan difícil que está en mi país mis hijos emigraron para Argentina. Ahí estaban estudiando, trabajando y todo marchaba bien pero con el Covid-19 todo se vino abajo. No sé si usted sepa que la economía argentina está por los suelos y esto les afectó a mis hijos. Mi esposo y yo acabamos de comunicarnos con ellos y creemos que la mejor solución sería que se regresaran para Venezuela y que solicitasen una visa de turista como lo hicimos nosotros. Espero en Dios, Amén que así sea, todo nos vaya mejor como familia. ¿Por qué repito tanto "espero en Dios, Amén que así sea?" Mire verá usted: mi esposo es mormón y yo era católica pero por amor a él me hice mormona. Mi hijo el mayor creo que tiene algo de mormón pero mi hija es católica. Pero pues ya ve los jóvenes van creciendo con ideas distintas y eso está bien pero bueno somos así una familia venezolana distinta a otra pero cada uno de los miembros viviendo una experiencia migrante diferente. Pero como le dije anteriormente: tengo mucha fe en Dios, Amén que así sea, en que ya pronto vamos a estar reunidos aquí en este gran país.

Orlando, Florida

■**Mucha gente de aquí de la Florida se fue a otros estados, la mayoría se fue a Tennessee**■

Soy Susana, oaxaqueña, mi marido y yo tenemos viviendo aquí en la Florida un poquito más de 20 años. Él trabaja como jardinero y yo aquí limpiando los cuartos del hotel. Pues como le digo aquí estamos echándole ganas desde que emigramos. ¿Sabe? Allá de donde somos nosotros se hablan muchos idiomas y dialectos. Yo crecí hablando el amuzgo y después español. Mi esposo es de otra comunidad pero él no habla lengua indígena. ¿Le digo algo? En estos 20 años se me está olvidando la lengua de los antepasados pero ya hablo un poquito inglés, pues practico un poco con mis hijos. Tenemos 4 y una de ellas ya está yendo a la universidad. Desea ser doctora y la que le sigue quiere ser dentista y los otros dos pues no saben pero yo miro que quieren seguir el ejemplo de sus dos hermanas. ¿Sabe? Con este gobernador (Ron DeSantis) y su Ley Anti-inmigrante mucha gente de aquí de la Florida se fue pa' otros estados. La mayoría se fue a Tennessee. Mi esposo y yo pensábamos irnos también pero nos llenamos de valor y decidimos quedarnos. No queríamos que nuestras hijas que van tan bien en la escuela les afectara. No se crea fue una decisión difícil pero mi esposo y yo estamos muy unidos en esto. Ya lo que pase, pase, ¿no cree usted?

Orlando, Florida

■¿**Qué cómo está Chile ahorita? Anda todo muy mal: hay protestas, violencia y toda clase de robos con este nuevo gobierno comunista**■

Soy Héctor, chileno, vivo en Orlando y trabajo aquí para American Airlines. ¿Qué cómo está Chile ahorita? Anda todo muy mal: hay protestas, violencia y toda clase de robos con este nuevo gobierno comunista. Hay crimen, narcotráfico y una mafia socialista que controla todo. Hay carteles de droga mexicanos entre la frontera de Chile y Argentina. La cosa está muy mal. Esto se arreglaría como decía mi general "con mano dura." Yo crecí ahí en Chile y mi papá trabajaba en una oficina gubernamental. Él no tenía ningún problema con la dictadura militar de Pinochet. Ahí mataban a los que andaban de revoltosos pero a los que se portaban bien pues no les hacían nada. Recuerdo una vez que mi padre mencionó unas palabras del general que decían: "cuando a ustedes los gobiernen los comunistas se darán cuenta de la razón que teníamos nosotros." Pues mira, eso mismo está pasando allá en mi país, en Chile. Todo un desorden.

Orlando, Florida

■Yo no hablo español pero lo entiendo. Sé que necesito mejorarlo y por eso mismo me conduzco en inglés■

Soy Francisco, puertorriqueño y he vivido en muchos lugares. Nací en la isla pero mi papá como pertenecía a la marina de los Estados Unidos pues tú ya sabes, nos movíamos constantemente. Yo no hablo español pero lo entiendo. Sé que necesito mejorar y por eso mismo me conduzco más en inglés. Te platico: yo juego Rugby, me encanta el Rugby. Lo jugué casi a nivel profesional en diferentes partes del mundo. Visite Londres y Escocia jugando este hermoso deporte. No logré alcanzar mi sueño pero sí llegué a viajar mucho. Déjame decirte que conozco California. Viví en Visalia y ahí estudié el colegio. Ahí saqué mi título de asociado. Ahí tú sabes, hay muchos mexicanos. Cómo son trabajadores esa gente. Eso sí todos los fines semana sacaban sus asadores y hacían sus fiestas. Son muy alegres ustedes los mexicanos. Bueno como te decía: a mí me gusta mucho el Rugby y a pesar de que ya no practico sigo yendo al gimnasio para estar en forma. Ahorita trabajo en este restaurante pero deseo algo mejor pa' mí pues. Bueno los dejo y nuevamente: Bienvenidos a la Florida.

Orlando, Florida

■¿Qué opino de Maduro? Maduro sólo trajo desorden y caos. Hay hambre, pobreza, desestabilidad total en Venezuela■

Soy Carlos, venezolano, manejo un Uber e invierto en la bolsa de valores. Mi padre murió y me traje a mi madre a Florida, ya va pasadito de dos años. Vinimos con visa de turista y poco después solicitamos el asilo político. De hecho ahorita estamos en el proceso. Tengo fe en que las cosas se me van a dar. Estoy optimista y siento que la cosa va por buen camino. Recién que llegué trabajé en la construcción pero después me inscribí al colegio para aprender inglés y tomar cursos sobre la bolsa de valores. Ya estoy aprendiendo mucho, de hecho en una transacción que hice hace poco me gané $4000 dólares en 10 minutos. Yo compro y vendo. No me gusta apostar mucho, tomo mis precauciones. ¿Qué cuánto es lo más que he perdido? Una vez perdí $2000 dólares en 3 minutos y que salgo luego, luego. No sé si sepa que tan solo el 5% de los que empiezan como inversionistas se quedan en este negocio. Y eso quiere ser yo. ¿Qué opino de Maduro? Maduro sólo trajo desorden y caos. Hay hambre, pobreza, desestabilidad total en Venezuela. ¿Qué quieres que opine? Las cosas no marchan bien allá. Bueno como te decía: mi madre y yo estamos aquí en solicitud de asilo político. Lo único malo es que en esta situación no podemos salir del país. Pero viéndolo bien, ¿para qué desearía yo salir de Los Estados Unidos?

Orlando, Florida

■Que bacano que haiga mucha gente que hable español aquí en la Florida■

Soy Cielo, colombiana, estoy muy feliz de estar aquí en Orlando donde hay muchos latinos. Desde el primer momento en que llegué todos me han hecho sentir muy bien. Que bacano que haiga mucha gente que hable español aquí en la Florida. Me entusiasma la idea de aprender inglés. Apenas llevo 7 meses desde que emigré pero ya estoy aprendiendo un poco del idioma. Me encanta Florida, aquí siento el calor y la amistad de todos los latinos. Habemos de todas partes: de Cuba, Venezuela, Ecuador, Puerto Rico, República Dominicana, México, Panamá, bueno de todos los países de América Latina.

Orlando, Florida

■¿Sabe que el ejército y la guerrilla reclutaban niños para pelear la guerra?■

Soy Charley, ecuatoriano, pero me considero norteamericano porque mis padres me trajeron muy chiquito a este mi país. Yo crecí, estudié y viví en Nueva York hasta que decidí venirme a la Florida. Aquí conocí a mi esposa, ella es salvadoreña. Ella sí sufrió al cruzar la frontera. De hecho casi no me quiere contar su experiencia migratoria. Yo por respeto no le pregunto tanto, pero sé que vivió cosas horrendas. Me ha comentado que su familia sufrió mucho durante la guerra. ¿Sí sabe que El Salvador vivió una guerra de verdad? Pues en esos doce años de guerra civil ahí la familia de mi esposa y mucha gente vivió muchas atrocidades. ¿Sí sabe que el ejército y la guerrilla reclutaban niños para pelear? De hecho no sé si ha visto la película, como se llama, esa película, Voces Inocentes. Pues esa misma historia del niño la vivió mi esposa: pobreza, violencia, muerte y emigración.

Orlando, Florida

■Seguido regreso a Guatemala a visitar a mis padres y a mis hermanos que están jubilados de las Fuerzas Armadas■

Soy guatemalteco, mi nombre es José y tengo viviendo más de 35 años aquí en la Florida. Usted no me va a creer por qué estoy aquí en este país. Mire deje le explico: yo vengo de una familia de militares. Allá en Guatemala también había guerrillas comunistas como el Frente Farabundo Martí para la Liberación Nacional (FMLN) de El Salvador. Mis tíos y hermanos mayores formaban parte del ejército guatemalteco. Yo admiraba mucho a mis familiares militares pero mi madre pensaba que era muy peligroso que yo me enlistara en las Fuerzas Armadas. Para ese entonces yo tenía 17 años. Yo siento que siempre tuve vocación como soldado pero el temor de mi madre, mi ingenuidad y falta de valor me hicieron desistir. Ya después todo es historia. Las guerrillas guatemaltecas desaparecieron como lo hicieron las salvadoreñas. Ahora vivo aquí en la Florida, casado, con hijos y con mi esposa que conocí en este país. Seguido regreso a Guatemala a visitar a mis padres y a mis hermanos que están todos jubilados de las Fuerzas Armadas. No sé pero ahora me pregunto qué habría sido de mí sí me hubiese enlistado en el ejército de mi país. No me gusta removerle a mi pasado porque lo hecho, hecho está. Estoy agradecido con la oportunidad que me brindó esta nación pero de ninguna manera me puedo olvidar de la historia, ni de mi cultura chapín.

Orlando, Florida

■-¿Es usted cubana?

–Sí, ¿cómo lo supo?■

- ¿Cómo va su día? ¿Es usted cubana?
- Sí, ¿cómo lo supo?
- Por su acento. Platíqueme algo de su vida.
- Que ya me voy a descansar, estoy muy cansada.

Orlando, Florida

■¿Ya yo a qué voy a México? Si acaso por allá tengo un tío abuelo o alguna tía pero como te digo yo ya me considero de este país■

Pues la verdad yo ya soy de este país. Te imaginas que tengo viviendo más de 50 años aquí. Sí nací en Jalisco y me crié en San Luis pero con tanto tiempo aquí y agrégale que mis hijos y mis nietos nacieron aquí. Ya yo ¿a qué voy a México? Si acaso por allá tengo un tío abuelo o alguna tía pero como te digo yo ya me considero de este país.

Jesús, Salinas, California

■La verdad ya no voy a regresar. No tengo cara. ¿Qué si extraño a mi hija? Pues sí aunque no tenga recuerdos de ella■

Yo dejé allá a mi esposa con una niña recién nacida. Le prometí que pronto regresaría y que juntos saldríamos de la pobreza en que vivíamos. Tristemente no pude cumplir esa promesa. Han pasado 7 años y no he podido o querido regresar. Mi ex esposa ya vive con otra pareja pero créanme o no, yo sigo mandándole dinero para mi hija. La verdad ya no voy a regresar. No tengo cara. ¿Qué si extraño a mi hija? Pues sí aunque no tenga recuerdos de ella. ¿Qué si le seguiré mandando dinero? Pues sí, siento que es mi deber de padre.

José, Los Ángeles, California

■**Siento que muchos que nacimos aquí podemos ser víctimas de las dos culturas**■

A mí lo que me molesta mucho es que los mexicanos que nacieron allá nos llamen pochos y se sientan más mexicanos que uno. Cuando uno habla mal el español luego luego te corrigen en frente de todos y te humillan. Es como si se sintieran más que uno porque según hablan mejor el español que nosotros. Y luego siento que los gringos creen que no somos lo suficientemente americanos porque hablamos el inglés con acento. Siento que muchos que nacimos aquí podemos ser víctimas de las dos culturas.

José, Salinas, California.

■**Nunca había visto a mi papá tan feliz, es como si él hubiera regresado en el tiempo**■

Para serle sincera yo nunca había visto a mi papá tan contento como cuando fuimos esta última vez a México. Mi papá es de un rancho que está lejos del pueblo. Ahí donde nació y creció hay unas cuantas casitas y mucho terreno, muchos árboles y cerros. Pero cuando estábamos ahí la cara de mi papá era otra. Nunca lo había visto tan feliz, es como si él hubiera regresado en el tiempo. Él estaba en otro tiempo. ¿Si me entiende? En otro tiempo lejano y distinto. Allá se encontraba él, feliz, en un tiempo al que yo no pertenecía.

Miriam, Gonzales, California

■Ese es el caso de muchas familias migrantes de la Sauceda y de Tateposco, Jalisco■

Mucha gente que emigra de México para Los Estados Unidos proviene de pueblos hermanos. Esos pueblos tienen familias en común y cuando se crean comunidades aquí en el norte siguen esas rivalidades o diferencias que se tenían allá. Esos odios se siguen acentuando aquí y las nuevas generaciones se contaminan de esas rencillas. Ese es el caso de muchas familias migrantes de la Sauceda y de Tateposco, Jalisco.

Daniel, Salinas, California

■¿Qué si tengo algún pariente que se dedique al **narco**? Sí claro, como muchos■

¿Qué si tengo algún pariente que se dedique al **narco**? Sí claro, como muchos. Podría asegurar que muchos de los inmigrantes mexicanos que viven en este país tienen algún familiar que se dedica al "business". Esos individuos son buenas personas con sus familiares. Dan cariño y ayuda económica porque saben de necesidades. Por lo general se distancian de la familia para no meterlos en problemas. Ellos han escogido ese tipo de vida y son personas muy discretas. Ayudan a quien puedan porque saben de la pobreza y reconocen que llevan la vida prestada.

Anónimo, Oakland, California.

■Estamos adoptando una nueva identidad bicultural porque amamos donde estamos pero también amamos de dónde venimos■

¿Qué opina de los norteamericanos que están enojados con los inmigrantes mexicanos o latinos por no adoptar totalmente la cultura anglosajona de este país? ¿Qué opino? Que hagan conciencia histórica, que recuerden y no olviden que aquí antes era parte de México. Además estamos viviendo un momento histórico diferente donde la globalización está cambiando las identidades nacionalistas en todo el mundo. Aquí en Los Estados Unidos los mexicanos como muchos hispanoamericanos estamos preservando nuestro idioma, nuestra religión, nuestros valores y estamos adoptando una nueva identidad bicultural. Que se entienda que amamos dónde estamos pero también amamos de dónde venimos.

Profesor, Hartnell College

■**No sé si sepas que el portugués y el español son muy similares así pues hablando yo español con ellos me hacía entender**■

Mi mamá es de Jalisco, mi papá es de Durango pero yo me crié en Mexicali. Siendo yo muy niño, a la edad de 11 años emigré junto con mis padres a la ciudad de Turlock, California. Ahí entré a la escuela. Recuerdo que en esa primaria tan sólo había un niño que hablaba español. Todos en su gran mayoría eran niños de inmigrantes portugueses. No sé si sepas que el portugués y el español son muy similares así pues hablando español me hacía entender con ellos. Pasó el tiempo y poco a poco fui aprendiendo inglés. ¿Sabes? Como dato curioso, en esa escuela había un profesor que hablaba 7 idiomas. En su clase él se comunicaba con todos nosotros en inglés, español, portugués y creo que hasta en italiano. Ese maestro era buena onda con todos nosotros y como te digo, él hablaba muchos lenguajes. Ahí me di cuenta de la importancia que tenía ser bilingüe.

Luis, Salinas, California

■"Hijo, hace una eternidad que no nos vemos. Como pasa el tiempo, ¿verdad? Guardo en mi corazón la ilusión de un día volver a verte"■

Yo vengo a la Home Depot a buscar trabajo. Como puede ver hay muchas personas aquí esperando a que nos contraten. Hacemos de todo: construcción, jardinería, electricidad, plomería o hasta de pintor. Hoy no tuve suerte, no me contrataron pero pos ni modo verdad. ¿Qué cómo me llamo? Mi nombre es Marciano Puaj y soy oaxaqueño. Ahí tiene su casa sin un día va pa'lla. Tengo viviendo aquí en California más de 18 años. Aquí conocí a mi mujer y aquí nacieron mis hijos. Mi madre vive allá en Oaxaca y siempre que le hablo por teléfono me dice: "Hijo hace una eternidad que no nos vemos. Como pasa el tiempo, ¿verdad? Guardo en mi corazón la ilusión de un día volver a verte." Estas palabras no saben cómo las llevo en mí. ¿Sabe una cosa? Observe usted lo que me dijo mi madre: "hace una eternidad que no nos vemos." Y para mí, aquí en el norte, el tiempo pasa volando.

Seaside, California

■Yo siento ser el español más mexicano de los españoles. Me encanta la historia de España y la de México■

Mi experiencia migratoria es muy diferente a la de otros iberoamericanos. A diferencia de ellos, yo emigré con una visa consular desde Madrid a Nueva York. Mi esposa es norteamericana y al casarme con ella en España pude llegar a Los Estados Unidos. Yo estudié en la universidad de Salamanca y precisamente ahí la conocí ya que ella estudiaba lenguas extranjeras. Tengo viviendo aquí desde 1983. Mira qué barbaridad han pasado ya 40 años. Aquí he conocido a cientos de mexicanos que me han ofrecido su amistad y su compañía. Yo siento ser el español más mexicano de los españoles. Me encanta la historia de España y la de México. Aquí en las escuelas deben de enseñar la historia real de los iberoamericanos: no son latinos, ni hispanos, sino iberoamericanos. El mismo mexicano debe de conocer muy bien su historia para que no estén obligados a repetirla. ¿Qué opino de la corrida de toros? Pues que es un arte, una tradición española que debe conservarse. Si en Cataluña desean prohibir que lo hagan pero que no impongan esta actitud a todo el pueblo español. Además la Fiesta Brava no solo es patrimonio de España sino de México, Perú, Colombia, partes de Portugal y Francia. No deben prohibirse. ¿Qué opinión tengo de Hugo Sánchez? Hugo es uno de los más grandes futbolistas del mundo que han pisado tierras españolas. Hugo Sánchez es todo un hombre, un macho, un deportista resistente. Hablar de él en España es hablar del fútbol.

Javier, Soledad, California

■**Le mandábamos dinero a mi mamá para que mis hermanos más jóvenes siguieran estudiando. Así se recibieron tres de la universidad**■

Mira nosotros crecimos con muchas necesidades y por ser los tres hermanos mayores mi papá decidió traernos para Los

Estados Unidos en 1964. Trabajamos en San José, Stockton, Oxnard, Yuma, El Centro y Salinas. Siempre hicimos trabajo de campo: uvas, duraznos pero principalmente lechuga. Así estuvimos yendo y viniendo de Zacatecas a California por muchos años. Por esta misma razón algunos de nuestros hijos nacieron aquí y otros allá en México. Mientras trabajábamos recuerdo que mi hermano Abel y yo (somos cuates) le mandábamos dinero a mi mamá para que mis hermanos más jóvenes siguieran estudiando. Así se recibieron tres de la universidad: dos como maestros y uno como médico. Como a mí siempre me ha gustado la política y la historia yo leía, bueno sigo leyendo revistas como Selecciones, La Opinión de Los Ángeles, La Presencia de México y Proceso. Bueno siempre me ha gustado estar informado. Como yo solamente pude terminar la primaria pues siempre quise saber un poquito de todo para defenderme y expresarme mejor. Por eso leía. Es muy bueno leer porque así sabes muchas cosas y las puedes compartir con los demás. No para hacerlos sentir menos sino para informarlos de cosas importantes. Bueno yo pienso así verdad. Como decía, a mí y a mis hermanos siempre nos dio gusto apoyar a los que se quedaron allá. Hoy ellos tienen sus carreras y me siento contento de haberlos ayudado un poco. Creo que así también se sienten mis hermanos Abel y Pedro ya que ellos también aportaron para que los más chicos pudieran recibirse de la universidad.

Javier, Nochistlán, Zacatecas

■Fui soldado. Ahora el recordar me da mucha tristeza porque el pueblo salvadoreño fue engañado. ¿Me entendes verdad? Engañado■

Mira para llegar a entender por qué muchos salvadoreños emigramos pa'ca hay que conocer la historia real de la Guerra Civil salvadoreña. Yo peleé esa guerra por 4 años. Fui soldado. Ahora el recordar me da mucha tristeza porque el pueblo salvadoreño fue engañado. ¿Me entendes verdad? Engañado. Esa guerra no debió de haber pasado fueron intereses de Rusia y Estados Unidos. Por un lado estábamos los soldados asesorados y armados por la política de Jimmy Carter y después por Ronald Reagan. Mientras la guerrilla comunista del Frente Farabundo Martí de la Liberación Nacional, el FMLN, era financiado por Rusia a través de Cuba y Nicaragua. Mucha gente sufrió. Familias destruidas y lo peor de todo es que tú como soldado no sabes quiénes son tus enemigos ya que pelear contra la guerrilla no era fácil ya que ellos no estaban uniformados. El problema de pelear este tipo de guerra es que cualquier persona, cualquier civil puede ser tu enemigo pues como te dije ellos no llevaban uniforme. Fue una guerra cruel donde murieron más de 75,000 personas. Yo tenía 17 años cuando formé parte del ejército. Ahí era difícil, tenías que levantarte temprano a ejercitarte y no sabías cuando iba a ser el siguiente combate. Una cosa que me impresionó mucho era que los gringos que nos instruían nos hablaban en un español perfecto, un español chingón y ellos güeros, güeros. Eso me sorprendió mucho. Ya en medio de la guerra en 1989 mi hermano que vivía aquí en California fue por mí. Llegó a San Salvador y ahí me esperó en un hotel. Me dijo que no me despidiera de mi madre (lágrimas en el entrevistado) que iba a llorar mucho y que le iba a causar una gran tristeza. Eso me dolió mucho pero le hice caso a mi hermano. Crucé por Texas. La pasada fue fácil, no hubo ningún problema. Lo que sí me gustaría que supieran es que la película, ¿cómo se llama? Voces Inocentes cuenta cosas falsas. Hay que conocer bien la historia. El ejército salvadoreño nunca reclutó niños para pelear contra la guerrilla, eso es falso. El FMLN sí lo hizo, el ejército no. Ahí en mi destacamento yo era uno de los más jóvenes y nunca vi niños de 12 años. Hoy han pasado tantos años y al recordar me da mucha tristeza. Perdón que llore pero nuestro pueblo fue engañado y me da mucha impotencia el saber que yo era muy joven y viví eso.

Efraín, Salinas, California.

TRAGEDIAS MIGRANTES

Tragedia de Coalinga 1948

28 inmigrantes braceros e indocumentados mueren el 28 de enero de 1948 al caerse un avión a 20 millas al oeste de Coalinga, en el condado de Fresno. Woody Guthrie, cantante social americano al enterarse que los periódicos ni la radio dijeron los nombres de las víctimas mexicanas escribe su ícona canción "Deportees.""El avión despegó de Oakland, California, a las 9:30 de la mañana y, alrededor de las 10:30, el motor izquierdo se incendió, hizo saltar el ala y el avión se estrelló en el cañón Los Gatos, en EL condado de Fresno, California".

BBC NEWS MUNDO

Lista de las personas fallecidas en el avionazo del 48'

Miguel Negrete Álvarez
Tomás Aviña de Gracia

Francisco Llamas Durán
Santiago García Elizondo
Rosalío Padilla Estrada
Tomás Padilla Márquez
Bernabé López García
Salvador Sandoval Hernández
Severo Medina Lara
Elías Trujillo Macías
José Rodríguez Macías
Luis López Medina
Manuel Calderón Merino
Luis Cuevas Miranda
Martín Razo Navarro
Ignacio Pérez Navarro
Román Ochoa Ochoa
Ramón Paredes González
Guadalupe Ramírez Lara
Apolonio Ramírez Placencia
Alberto Carlos Raygoza
Guadalupe Hernández Rodríguez
María Santana Rodríguez
Juan Valenzuela Ruiz
Wenceslao Flores Ruiz
José Valdivia Sánchez
Jesús Meza Santos
Baldomero Márquez Torres
Frank Atkinson (piloto)
Marion Ewing (copiloto)
Lillian Atkinson (azafata)
Frank Chaffin (guardia INS)

Tumba de los 28 braceros mexicanos muertos en el avionazo

Cementerio Holy Cross, Fresno, California

■**Fue un llanto triste pero alegre también porque siempre había querido visitar la tumba de los 28 braceros**■

Ese día que llegué al Holy Cross Cemetery estuve como una hora buscando la tumba de los 28 braceros que murieron al caerse el avión. Busqué en todos lados, tumba por tumba hasta que finalmente la encontré. Era una tumba separada de las demás. Al ver los nombres de las personas que fueron enterradas me entró una tristeza muy grande. Después en mi teléfono puse unas canciones de la época de los braceros. Al poner la canción de Bracero de Pedro Infante y escuchar los versos de: "Recorrí varios estados de la Unión Americana/En

Arizona, Texas y por Lousiana/Siempre sentí la falta de estimación/Que es que dicen que es discriminación." Me ganó el llanto. Fue un llanto triste pero también alegre porque siempre había querido visitar este cementerio para rendirles homenaje a esos 28 braceros mexicanos.

Autor, Holy Cross Cemetery, Fresno, California

Tragedia de Soledad 1958

14 braceros mueren quemados vivos en un camión el 17 de enero de 1958. Un trabajador agrícola prendió un cigarro y explotaron dos tanques de gas que estaban debajo de las bancas. De los 50 braceros 14 murieron calcinados y 17 resultaron heridos.

Soledad, California

Tumba de los 7 braceros quemados

■Llegamos al lugar donde estaba el camión y miramos cómo saltaban quemados los braceros■

Bueno yo nací aquí pero mi abuelito Ignacio Alvarado era de Aguascalientes y trabajaba en la pisca de la zanahoria. Recuerdo que en 1958 cuando tenía 10 años iba en su camioneta y miramos como un camión de braceros explotó y se quemaron vivos 14 mexicanos. Ese día miramos como los bomberos pasaron rápidamente y mi abuelito dijo: "¿Qué estará pasando? Vamos a seguirlos." Llegamos al lugar donde estaba el camión y miramos cómo saltaban quemados los braceros. Mi abuelito ayudó a algunos tratando de apagarles las llamas. Recuerdo que se quemó sus brazos. La gente empezó a decir que había un tanque de gasolina dentro del camión, un trabajador prendió un cerillo para fumarse un cigarro y pues ahí se prendió todo y explotó. Antes a esos camiones les ponían una cadena por la parte de afuera y cerraban la puerta. Al explotar el tanque de gasolina los braceros no pudieron escaparse. ¿Te imaginas? Esos camiones eran construidos para 50 trabajadores. Entonces no me quiero imaginar la desesperación y el sufrimiento de esas personas. No sé si sepas pero de esos 14 inmigrantes muertos mandaron a 7 pa' México y los otros 7 se quedaron aquí sin ser reclamados. Mi abuelito compró un terreno en el cementerio para poder sepultar a su familia y decidió enterrar a esos 7 braceros ahí también. Yo mismo labré 7 cruces blancas y las puse ahí como recuerdo de esos inmigrantes. Pero mira como es irónico el destino, mi abuelito murió quemado un año después cuando al cruzar las vías férreas un tren que pasaba por ahí impactó su camioneta y explotó. No me vas a creer pero años después se supo que unos muchachos de México estaban buscando las tumbas de sus abuelitos por algunos cementerios del norte y centro de California. Quien iba a decir que yo mismo llevé a esos muchachos ante las tumbas de esos 7 braceros y en efecto 2 de las personas enterradas ahí al lado de mi abuelito eran hermanos y los abuelitos de esos muchachos.

Frank Meléndez, Soledad, California.

Tragedia de Chualar 1963

32 inmigrantes braceros murieron cuando el camión en que venían fue impactado por un tren a una milla de Chualar, California.

Chualar, California

En el ensayo académico A TOWN FULL OF DEAD MEXICANS (basado en el libro de Tragedy at Chualar de Ernesto Galarza) la profesora Lori A. Flores de la universidad de Stony Brook afirma lo siguiente: el 17 de septiembre de 1963 como a las 4:20 o 4:25 de la tarde un camión que manejaba Francisco "Pancho" Espinoza cruzó las vías del tren a una milla de Chualar. "Pancho" afirma haber escuchado un silbido fuerte pero no haber visto nada. Según Tony Vázquez un mayordomo mexico-americano que presenció el accidente "los cuerpos volaron por todos lados." A esas horas de la tarde un camión de soldados de Fort Ord que pasaba por ahí se paró a ofrecer ayuda. 15 ambulancias y varias personas en sus vehículos llevaron a los heridos a varios hospitales de Salinas. Uno de los cuerpos de los braceros quedó prensado en el motor del tren. Los braceros muertos eran originarios de Jalisco, Guanajuato, Sonora, Zacatecas, Puebla y Michoacán y oscilaban entre los 19 y 59 años de edad. José Gómez Martínez murió en su cumpleaños a sus 27 años de edad. De los tres pares de hermanos que estaban en el camión, Federico y Salvador Olmedo murieron mientras que José Meza y Salvador Orozco perdieron a sus hermanos Roberto y Luis. Los cuerpos de los 32 braceros fueron velados en el gimnasio de la escuela Palma High donde asistieron más de 9000 braceros en solidaridad a sus compañeros fallecidos.

Cruz memorial de los 32 braceros muertos por el tren

Vías férreas

Lista de los mexicanos fallecidos en la Tragedia de Chualar 1963

Salvador Olmedo Gallegos

Juan Núñez Valtierra

Antonio Llanes González

Alberto Martínez Martínez

Agapito Villafuerte Torres

Victoriano Padilla Sánchez

Margarito Delgado Tinoco

Luis Orozco Contreras

Gonzalo Amador Huerta

Juan Díaz Dueñas

Juan Segoviano Roza

Roberto Meza Huerta

Felipe Ramírez Meléndez

Ramón Torres Gutiérrez

José Ángel Olivares

José Delgado Mendoza

Jesús Becerra Aceves

Salvador Cabrera Cholico

Pedro Segura Ramírez

Dolores Mantasillas Flores

Silvino Muñoz Escobedo

Ramón Navarro Flores

Manuel Maldonado Robles

Loreto Bojorquez Mungaray

José Gámez Martínez

Trinidad Méndez Vásquez

Herminio Huerta Téllez

Salomón Guzmán Torres

Jesús Mercado Gallardo

Sixto Robles Urzua

Manuel de Jesús Coronado López

TRAGEDY AT CHUALAR, ERNESTO GALARZA/Lori. A. Flores

■Por estas tragedias de los braceros el gobierno americano decidió terminar con el Programa Bracero en 1964■

Por estas tragedias de los braceros el gobierno americano decidió terminar con el Programa Bracero en 1964. Ahora no, ahora es más fácil para los contratados. No sé si sepas que hoy si los empleadores quieren contratar trabajadores de México tienen que pagar 2 dólares más que el salario normal. También tienen que proveerles con vivienda, un cuarto para 2 personas. Tienen que tenerles camas, cobijas, almohadas y hasta tienen que pagarles 3 comidas diarias. Antes no, los braceros sí sufrieron mucho.

Frank Meléndez, Soledad, California.

Sierra Blanca, Texas, 2 de julio de 1987

18 mexicanos mueren asfixiados dentro de un vagón de tren en Sierra Blanca Texas. La gran mayoría de los indocumentados eran oriundos de Aguascalientes y Zacatecas. Miguel Tostado Rodríguez, un joven de 24 años de edad sería el único sobreviviente de la tragedia. "Cuando el supervisor Melvin Dudley de la agencia de inmigración abrió el vagón del tren nunca esperó ver una escena tan horrenda: cuerpos regados, llenos de sangre y órganos explotados por el intenso calor. Sólo Miguel deshidratado a punto de morir había sobrevivido lo que debió ser un infierno en la tierra."

THE MEXICANS, A Portrait of a People, Patrick Oster

Victoria, Texas, 14 de mayo de 2003

73 inmigrantes fueron encontrados en la caja de un tráiler en Victoria, Texas. 19 personas murieron, entre ellos un niño de

cinco años que fue encontrado abrazado a su padre, quien también falleció.

Dallas Morning News

San Fernando, Tamaulipas, 22 de agosto de 2010

72 inmigrantes fueron asesinados en el municipio de San Fernando, Tamaulipas. Entre las personas ejecutadas se encontraban 58 hombres y 14 mujeres. Estas personas eran originarias de Centro y Sudamérica. El único sobreviviente, el ecuatoriano Freddy Lala logró escapar y dar aviso a las autoridades de cómo el crimen organizado o bandas de narcotraficantes dieron muerte cruelmente a estos inmigrantes.

Comisión Nacional de los Derechos Humanos en México.

El Paso, Texas, 9 de febrero de 2022

132 inmigrantes fueron encontrados en un camión de carga en El Paso, Texas. La Patrulla Fronteriza descubrió a las 132 personas dentro del remolque. Los inmigrantes eran originarios de Guatemala, Honduras, Ecuador y México. Dentro del camión venían 2 niños no acompañados de Guatemala.

Amy Goodman, Democracy Now

San Antonio, Texas, 28 de junio de 2022

Mueren 53 migrantes dentro de un camión abandonado en la ciudad de San Antonio, Texas. Según el presidente mexicano Andrés Manuel López Obrador 22 de las víctimas eran ciudadanos mexicanos.

BBC NEWS MUNDO

Veracruz, México, 7 de marzo de 2023

En México más de 340 migrantes de Guatemala, Honduras, El Salvador y Ecuador fueron encontrados abandonados en un camión de carga en el estado de Veracruz. Más de 100 niños formaban parte del grupo de inmigrantes.

Amy Goodman, Democracy Now

San Diego, California 13 de marzo de 2023

Dos embarcaciones pesqueras que llevaban a bordo a 23 inmigrantes naufragaron en las playas de San Diego, California. Según el departamento de policía 8 personas murieron y 7 están desaparecidas. Se cree que los contrabandistas y los sobrevivientes escaparon de la zona.

Univisión 34 Los Ángeles

Cd. Juárez, Chihuahua, 27 de marzo de 2023

40 inmigrantes centroamericanos y sudamericanos mueren asfixiados y calcinados en el Instituto Nacional de Migración de Ciudad Juárez. 27 sobrevivientes quedaron gravemente heridos.

CNN, Noticias

Condado de Madera, California 23 de febrero de 2024

Siete inmigrantes mexicanos (trabajadores agrícolas) que viajaban en una furgoneta y el conductor de una camioneta (pickup) murieron este viernes cuando los vehículos chocaron de frente en una zona agrícola del centro de California. Uno de los fallecidos tenía apenas 3 meses en el país y era oriundo del estado de Michoacán.

Los Ángeles Times

■**Cada vez que miro la fotografía de la niña muerta al lado de su padre me sacude toda el alma**■

Cada vez que miro la fotografía de la niña muerta al lado de su padre me sacude toda el alma. Es una imagen dura, difícil de asimilar. Una mezcla de amor, desesperación y crueldad. La niña de 23 meses ahogada en el río Bravo dentro de la camiseta de su padre es sumamente inhumana.

Leonardo, Soledad, California

■**Aquí hay puro campo y mi rodilla no me deja. Por eso yo pido dinero a la gente**■

Como estoy mala de mi rodilla no puedo trabajar en trabajos pesados. Aquí hay puro campo y mi rodilla no me deja. Por eso pido dinero a la gente. Me levanto temprano, camino por las calles donde hay negocios y les digo si me pueden ayudar con algo. A veces las personas son muy groseras y más las mujeres. Aquí en Soledad vivo con una hermana, le limpio su casa, le hago de comer y pues le ayudo en lo que puedo. Antes de emigrar pa' ca' vivía en la ciudad de México, soy de Texcoco. Allá fui a la primaria, a la secundaria y vivía con mi mamá y mis hermanos porque mi papá no nos reconoció. Creo que tenía dos familias pero él nunca vivió con nosotros. Pues usted sabe cómo son algunos hombres. Bueno como le decía yo no puedo trabajar por lo de mi rodilla pero le voy a tomar su consejo. Voy a empezar a bordar tortilleros en punto de cruz y haber si puedo venderlos. Y así en vez de pedir dinero voy a vender tortilleros bordados.

Martita Álvarez, Soledad, California.

■**Luchen por sus sueños, no se queden esperando, las situaciones pueden cambiar tomando riesgos**■

Me llamo Rosa y soy de Zacatecas. Mi historia migrante como la de otras personas es dura pero siendo mujer es más difícil para uno. Mira déjame te platico: cuando me casé mi esposo me dejó allá en México con un niño chiquito y se vino para acá. Al principio me mandaba dinero pero después dejó de hacerlo. Me empecé a desesperar y decidí venirme para acá. Hablé con algunos familiares y por parte de ellos recibí consejos, apoyo moral y un poco de apoyo económico. Viajé con mis tíos maternos en avión de Aguascalientes a Tijuana y estando ahí me decidí a cruzar. Tan sólo llevaba un billete de 500 pesos por si algo pasaba. Al llegar a la frontera me dijo el coyote: "¿quién va a pasar primero, usted o el niño?" Yo le dije: "primero mi hijo." Nos fuimos en un carro y le dije a mi niño que si la migra le preguntaba por su papá dijera que el coyote era su papá Yo pasé con una mica chueca. Por fortuna no tuvimos ningún problema y ya acá me volví a reunir con mi esposo. Al llegar le dije: si realmente quieres a tu familia nos vamos a Indiana donde están mis tíos quienes fueron los que nos ayudaron. Él reconoció que estaba en lo cierto y ya tenemos viviendo más de 22 años aquí en Indiana. Tenemos 5 hijos y aquel jovencito que cruzó la frontera sin papá ya se graduó de la universidad. La vida no es fácil para nadie pero si fuera a darles un consejo les diría: "luchen por sus sueños, no se queden esperando, las situaciones pueden cambiar tomando riesgos."

La Porte, Indiana

■Mi papá emigró de Guerrero ya hace muchos años e intentó enseñarnos mixteco pero nunca lo escuchamos■

La verdad es que gracias a la clase de español aprendí la diferencia entre un idioma y un dialecto. Antes creía que mi papá hablaba un dialecto y para ser sincera secretamente me avergonzaba de ello. Hoy sé que en México se hablan 68 lenguas indígenas y el saber que mi padre habla una de ellas me hace sentir orgullosa. Mi papá emigró de Guerrero hace muchos años e intentó enseñarnos mixteco pero nunca lo escuchamos. Yo nací aquí en Salinas y soy bilingüe: hablo inglés y español. ¿Se imagina que me dedicara a aprender el idioma de mi papá? Sería trilingüe ¿verdad?

Adriana, EAHS, Salinas, California

■Ese trato, la pobreza y su gran amor hacia todos sus hijos llevaron a mi madre a emigrar a Los Estados Unidos■

Yo siempre voy a tener mucha admiración y agradecimiento por todo el sacrificio que hizo mi madre por nosotros sus 7 hijos. Ella siendo madre soltera creció con mucha pobreza e ignorancia allá en Las Animas, municipio de Aguililla, Michoacán. Mi padre al cual no conocí nunca supo ver su bondad y la trataba mal. Según me cuentan mi papá no solamente tomaba mucho sino que era muy agresivo con ella. Ese trato, la pobreza y su gran amor hacia todos nosotros la llevaron a emigrar a Los Estados Unidos. Ella solita se vino y cruzó la frontera a mediados de los 70's estableciéndose en Watsonville. Su bondad natural y su belleza la llevaron a ser cortejada por muchos pretendientes pero ella nunca nos abandonó. Nos mandaba dinero y cositas mientras nosotros vivíamos con nuestros abuelitos. Eventualmente nos fue trayendo de dos en dos hasta que finalmente estuvimos nuevamente reunidos. Como te digo yo crecí sin papá y siempre buscaba la guía en hombres que me dieran buen ejemplo: maestros, entrenadores y en general hombres sabios. Como te dije anteriormente la bondad de mi madre me marcó mucho porque ella sacrificó su vida sentimental para darnos todo su apoyo. Esto yo no lo olvido y me mantiene fuerte. Hace dos años que falleció. Ya han pasado 40 años desde que nos trajo a este país y yo siempre recuerdo con mucha ternura ese sacrificio tan puro y noble del amor de mi madre.

Lorenzo, Bakersfield, California.

■**Espérame poquito 'ama, nomás poquito**■

"Ma'. Mamacita yo te quiero mucho. Mamá espérame yo voy a ir pronto. Voy a ir pronto 'ama. Espere un poquito. Espérame poquito 'ama, nomás poquito. Siempre estás en mi corazón. Siempre la voy a recordar. Siempre. Pero espéreme poquito, no se me vaya todavía. Por favor échele ganas mamacita. ¿Sí me escucha 'ma?

Tik Tok Video

■Yo crecí a putazos a puros chingadazos por parte de quien fue mi padre■

(Entrevista explícita contiene malas palabras y material emocionalmente perturbador)

Si te contara manito, si yo te contara. Mira yo he tenido una vida muy dura, muy dura cabrón. Yo crecí a putazos a puros chingadazos por parte de quien fue mi padre. Bueno en realidad no lo fue pero yo nací de su mujer, o sea mi madre, no sé si me explico o me entiendas. A este cabrón mi madre le había dado puras hijas o sea mis hermanas y no sé quién chingados ahí en el pueblo un santero o un brujo le dijo que le pidiera al diablo un hijo. Que llevara a su mujer o sea a mi madre a esta casa deshabitada ahí en la noche y que con un pacto con el diablo éste le daría un hijo. Pues ese cabrón le creyó a ese mendigo santero y creo que fue quien se cogió a mi madre y de ahí nací yo. Mi padre nunca me quiso y cuando me llevaba a trabajar la tierra me tiraba terronazos el hijo de la chingada (como que le daba mucho coraje verme.) En el barbecho mis hermanas y yo tirábamos químico para que la milpa creciera. Recuerdo un día que este cabrón o sea mi padre yo lo notaba medio raro. En ratos bien encabronado y en ratos mirando a otros hombres y muchachos con mirada de mujer. ¿Si me explico, si me entiendes? Después se corrió el rumor que a mi padre se lo estaban cogiendo unos trabajadores de ahí mismo o sea que mi padre era puto, le gustaba la verga. Un día mi padre me agarró a mí y yo siendo un niño de 12 años pues no sabía ni qué pedo y me dio un abrazo fuerte y se echó un pedo. Después el cabrón lo olió y dijo: "mmm que rico." Fui creciendo y me hice soldado. Era un hijo de la chingada ya que madreaba a cuanto cabrón se portara mal. Un día nos llevaron al ejército y a los "halcones" a sacar a unos paracaidistas que llegaron a quedarse a unos lotes baldíos que pertenecían al gobernador de Cuernavaca. Yo a punta de madrazos desalojé a mucha gente de ahí junto con los "halcones." Como te digo yo era un cabrón bien hecho y me cogí un chingo de viejas. Después me vine para acá al norte. Tenía un tío hermano de mi mamá que vivía en Los Ángeles pero yo no quería quedarme con él. Ya me habían dicho que era un hijo de su puta madre. Mejor me jalé para acá a San Francisco. Así iba y venía de México a California hasta que la última vez que crucé ahí por el canal de Mexicali casi me ahogo. Ese pinche canal era bien peligroso y como te digo casi me lleva la chingada. Ahora vivo aquí en San Francisco y me mantengo de lo que la gente me da al cantar mis canciones. Está canijo vivir en las calles. Un cabrón no vas a creer que me quiso envenenar dándome veneno de ratas en un pan. Creo que todavía ando envenenado porque me duelen todas las tripas. Yo creo que si me hallo un cuchillo o una pistola es señal que debo partirle la madre. Mira no sé si me entiendas, yo soy alguien chingón, descendiente de reyes aztecas: un Tlatoani, un Chimalpopoca, un Itzcoatl, un Axayacatl, un Ahuizotl, un Tizoc. Mi nombre es Lorenzo pero todos aquí los homeless me conocen como el Kaliman de Morelos.

Kaliman de Morelos, San Francisco, California

Perspectivas de políticos, escritores y artistas

■**Las generaciones futuras de estadounidenses estarán agradecidas por nuestros esfuerzos por recuperar humanamente el control de nuestras fronteras**■

La distancia no ha desalentado la inmigración ilegal a Estados Unidos desde todas partes del mundo. Por lo tanto, el problema de la inmigración ilegal no debería verse como un problema entre Estados Unidos y sus vecinos. Nuestro objetivo es sólo establecer un sistema razonable, justo, ordenado y seguro de inmigración a este país y no discriminar de ninguna manera contra naciones o personas en particular... Las generaciones futuras de estadounidenses estarán agradecidos por nuestros esfuerzos por recuperar humanamente el control de nuestras fronteras y, por lo tanto, preservar el valor de una de las posesiones más sagradas de nuestro pueblo: la ciudadanía estadounidense.
Ley de Control y Reforma Inmigratoria de Ronald Reagan de 1986

■**Es incorrecto y, en última instancia, contraproducente que una nación de inmigrantes permita el tipo de abuso de nuestras leyes de inmigración**■

"Somos una nación de inmigrantes pero también somos una nación de leyes. Es incorrecto y, en última instancia, contraproducente que una nación de inmigrantes permita el tipo de abuso de nuestras leyes de inmigración que hemos visto en los últimos años y debemos hacer más para detenerlo".
Bill Clinton 1995 Estado de la Unión

■**Para asegurar nuestra frontera, debemos crear un programa de trabajadores temporales**■

Para asegurar nuestra frontera, debemos crear un programa de trabajadores temporales. El problema de la inmigración en Estados Unidos no se resolverá sólo con medidas de seguridad. Hay muchas personas al otro lado de nuestras fronteras que harían cualquier cosa para venir a Estados Unidos a trabajar y construir una vida mejor. Esta dinámica crea una tremenda presión en nuestra frontera que los muros y las patrullas por sí solos no pueden detener.

George Bush 2007 Estado de la Unión

■Traen drogas, traen crimen, son violadores■

Cuando México nos envía a su gente, no nos mandan los mejores…Traen drogas, traen crimen, son violadores…Nos están mandando gente incorrecta y llegan de más allá de México, están llegando de todo el sur y Latinoamérica.

Donald Trump 2018

■El problema de la inmigración y los refugiados va a crecer aún más porque hay violencia y pobreza■

-Isabel Allende: Sé que si conoces a la persona, conoces la historia, sabes el nombre, sabes por qué la persona busca asilo entonces ya no es un número. Entonces no es un número que puedas parar con una pared, es un ser humano que necesita algo que puedas dar.
-Walter Isaacson: ¿Qué piensas cuando escuchas la retórica de Donald Trump sobre la construcción del muro?
-Isabel Allende: Todo lo que diga Donald Trump me pone enferma. Entonces, cuando dice que quiere construir un muro, ¿quiere construir un muro en todo el mundo para que los pobres y los desesperados queden fuera? ¿Qué tipo de mundo queremos? ¿Queremos un mundo para los privilegiados y otro mundo separado para todos los demás? No, creo que necesitamos encontrar soluciones globales. El problema de la inmigración y los refugiados va a crecer aún más porque hay violencia y pobreza. Los inmigrantes están dejando todo lo que aman y conocen porque están desesperados.

Entrevista de PBS

■-56 millones de personas-tienen origen hispano o latino■

"Tal vez la nueva ola de migrantes hispanos o latinos resulte más difícil de incluir que las anteriores, pues es mayor que aquellas por lo menos en términos absolutos, y con casi el 20%

de la población de Estados Unidos –o 56 millones de personas- tiene origen hispano o latino."

Estados Unidos: en la intimidad y a la distancia, Jorge. G. Castañeda

■Este es un poema para los perdidos■

Este es un poema para los perdidos. Por los muchos hombres que vinieron al norte y nunca más fueron vistos ni escuchados.

Y no se lo tragó la tierra, Tomás Rivera

■YO PERDURARÉ■

Tengo que pelear/ganar esta lucha/por mis hijos y ellos/necesitan saber de mí/quién soy yo/La Raza!/Mejicano!/Español!/Latino!/Hispano!/Chicano!/O lo que me llame yo mismo/Tengo la misma apariencia/Tengo los mismos sentimientos/Yo soy las masas de mi gente /Me niego a ser absorbido/YO PERDURARÉ

Yo soy Joaquín, Rodolfo "Corky" Gonzales

■Recuerda que somos mexicanos/Somos chicanos■

Madre patria que acusaste/a tus hijos sin razón/siendo tú la ocasión/quiero que recuerdes:/que somos hijos de olvidados/hijos de mojados/hijos de braceros/hijos de campesinos/
hijos pochos/hijos con el Spanish mocho/Recuerda que somos mexicanos/Somos chicanos/Sabemos inglés/y como descendientes ausentes/recuérdanos como hijos pródigos.

Con México con cariño, Jose Antonio Burciaga

■La última generación de inmigrantes Oro■

"Y a los que viven en este país que son parte de la última generación de inmigrantes Oro, para que puedan ser tratados con la misma dignidad y respeto que los que vinieron antes y crearon esta increíble nación de inmigrantes"

Alejandro González Iñárritu, tras recibir el Premio Oscar

"Que hermosa es la Unión Americana,

Illinois, California y Tennessee,

pero allá en mi tierra mexicana,

un pedacito de cielo es para mí."

El Ilegal, Joan Sebastián

"Son tres fronteras las que tuve que cruzar.

Por tres países anduve indocumentado.

Tres veces tuve yo la que vida que arriesgar,

por eso dicen que soy tres veces mojado."

Tres veces mojado, Los Tigres del Norte

"Tengo tu antídoto,

pa'l que no tiene identidad,

somos identico'

al que llegó sin avisar.

Vengo tranquilito,

para los que ya no están,

para los que están y los que vienen"

Pa'l norte, Calle 13

■Mira no tengo trabajo fijo pero gracias a Dios saqué a mis hijos sola adelante■

Mira no tengo trabajo fijo pero gracias a Dios saqué a mis hijos sola adelante. Siempre he dicho que el trabajo se mantiene trabajando.

Miriam, King City, California

■¿Cómo puedo enseñar una fe o una creencia cuando yo misma carezco de ella?■

Bueno, yo vengo de una familia católica. Mis abuelitos allá en México iban a misa, rezaban el rosario, leían la biblia y hasta visitaban a Cristo Rey en el Cerro del Cubilete. Yo nací aquí y de niña acompañaba a mis padres a misa pero conforme fui creciendo dejé de ir a la iglesia. Y ahora es peor, no sé pero he visto tantas noticias de sacerdotes que abusan de niños y siento que esto me ha llevado a dejar de creer. Tengo una hija que no le he enseñado a rezar y ni la llevo a misa. ¿Cómo puedo enseñar algo que yo misma no creo? Ya cuando crezca que se forme su propio criterio de las cosas. ¿Por qué creo que uno debe enseñarles valores religiosos a los hijos? Pues sí lo entiendo pero ¿cómo puedo enseñar una fe o una creencia cuando yo misma carezco de ella?

Rosa, Greenfield, California.

■Ellos no han fallado como padres, yo soy responsable de mis actos. Yo soy la que me equivoco no ellos■

En mi familia fui la primera en ponerse tatuajes. Mis papás crecieron allá en México en un ranchito de gente humilde y digamos todos muy rectos. Ellos migraron para acá y siguen siendo muy buenas personas como lo eran allá. Siempre nos han dado buenos ejemplos a mí y a todos mis hermanos. No fuman, ni toman, ni tienen tatuajes como nosotros. Al principio me los escondía porque me daba vergüenza que me los vieran. Después fui sacando plática sobre el tema hasta que me sentí segura y les dije que me había puesto unos tatuajes. Mi papá como que se enojo pero no me dijo nada. Fue a mi mamá a quien sí la miré mal como decepcionada. Siento que ella sentía que había fallado como madre. Nunca les he dicho que también hago mota. Siento que si se enteran se sentirían decepcionados de nosotros. Ellos no han fallado, yo soy responsable de mis actos. Soy yo la que me equivoco, no ellos.

Vero, King City, California

■**Mi familia es muy religiosa. Crecí yendo a misa y rezando el Santo Rosario a lado de mi madre**■

Mira yo soy de Unión de San Antonio a un lado de San Juan de los Lagos. Mi familia es muy religiosa. Crecí yendo a misa y rezando el Santo Rosario a lado de mi madre. Mi papá había venido para acá y sabía que un día yo también me iba a venir. De él aprendí a ser respetuoso y a darles su lugar a todas las personas. Cuando me vine para acá recuerdo que mi madre me inculcó que nunca dejara de frecuentar a mis hermanas y hermanos. Yo se lo prometí y así lo hice por muchos años hasta que ella faltó. Yo crecí queriendo mucho a todos mis hermanos pero ya estoy cansado de que yo sea el único que trate de frecuentarlos. Nunca he sido fijado y sigo queriéndolos pero me duele reconocer que ellos no hagan tiempo para visitarme. Aquí la gente trabaja mucho, se obsesiona con el dinero y las cosas materiales. La familia va quedando en un segundo plano y pues la gente se pierde. Yo sigo conversando mi fe, le doy las gracias a Dios por mi familia y por las pequeñas cosas que tengo. Todos los días al despertar me arrodillo y le doy gracias por estar vivo y lleno de experiencia. Si una persona no tiene fe, no tiene a Dios en su vida, la respeto pero no trato de imponer mis creencias en ellos. Le doy por su lado pero respeto su forma de ser. Pero en mi, en mí como persona siempre me digo: "Dios por delante todo el tiempo."

Martin Cruz, Salinas, California

■Me considero americano-mexicano porque México me abandonó y Estados Unidos me abrió sus puertas■

Soy José Manuel Pérez y soy de Guanajuato. Emigré a la edad de 16 años cuando mi padre decidió traerse parte de la familia en 1984. Mi papá se fue trayendo poco a poco a mis otros hermanos y en un lapso de 10 años ya todos nos encontrábamos reunidos aquí en California. Asistí a la preparatoria de Gonzales y tras recibir mi diploma me alisté en las Fuerzas Armadas. Estuve en Corea, Arabia Saudita, Irak, España, Italia, Francia, Bosnia y Canadá. A través del ejército viví cosas positivas como viajar por muchas partes del mundo, recibir un buen salario y tener excelentes beneficios médicos. Personalmente me considero americano-mexicano porque México me abandonó y Estados Unidos me abrió sus puertas. Allá en Chupícuaro conocí la pobreza, la violencia y la corrupción. Yo miraba como el presidente municipal se hacía rico por corrupto quedándose con todo lo que mandaba el gobierno del estado. Bueno volviendo a mi servicio militar cuando estuve en Irak estuvimos peleando con milicias o guerrillas árabes que estaban furiosas de que el ejército americano estuviésemos en su país. También estuve un tiempo en Bosnia cuando la antigua Yugoslavia se dividió en 6 ó 7 países diferentes. Gracias por venir a acompañarnos a esta celebración del Día de los Caídos. Por favor escribe en tu libro que muchas personas patriotas han dado su vida para que todos nosotros tengamos libertad y vivamos en el mejor país del mundo.

Día de los Caídos, cementerio de Soledad, California

■**Esta vez que fuimos a México de vacaciones sí estuvo cabrón**■

Esta vez que fuimos a México de vacaciones sí estuvo cabrón. Ahí en Plateros nos amenazaron a mi esposa, a mí y a toda su familia. Un compa con un cuerno de chivo nos paró y nos dijo: "¿de dónde vienen? ¿Qué quieren aquí?" Nosotros le respondimos: "venimos a visitar al Santo Niño". Los narcos, criminales o quienes fueran esas gentes no dijeron sarcásticamente: "¿Entonces a eso vinieron? ¿A rezarle al Santo Niño? Bueno si a eso vinieron entonces no hay problema que se la pasen bien y bienvenidos a Plateros.

Leo, Salinas, California

■**Aquí tengo trabajando a mi esposa, cuñadas y hermanas dándoles raites a los galleros por si nos cae la chota**■

Aquí en Muscoy es muy común hacer peleas de gallos clandestinas. Por lo general tenemos punteros que nos avisan si viene la policía para poder correrle en chinga, para que no nos agarren, nos metan a la cárcel o nos den un pinche tiqueton. El que guarda el dinero de las apuestas tiene que estar trucha para correr en madriza y no lo agarren. En una jugada de gallos se apuesta buena feria. Aquí en San Bernardino viene gente pesada y apuestan fuertes. Mínimo $3000 dólares por pelea. El que hace las peleas cobra $40 ó $50 por persona. Aquí yo tengo trabajando a mi esposa, cuñadas y hermanas dándoles raites a los galleros por si nos cae la chota. Está cabrón pero hay lana en esto de las peleas. Allá en Ixtlahuacan, Jalisco mi papá era gallero y aquí él organiza partidas. Esto de los gallos aquí en Muscoy es muy normal. Además la gente que se dedica al business les gusta este ambiente y pues como te digo aquí en los gallos hay mucha lana.

Jesús, Muscoy, California.

■La muerte de mi hija salvó a cuatro personas porque donamos sus órganos■

Extraño mucho a mi hija. La sueño, la siento en todos lados, en verdad no he podido superar su partida. Mire deje le explico: mi hija quedó embarazada a los 17 años cuando iba a la escuela. Lo que al principio fue un disgusto después se convirtió en una bendición al nacer mi nietecita. A mi hija en la escuela la hacían mucho bullying hasta que decidió defenderse, a pelearse y ahí empezaron los problemas. Dos semanas antes de que me la mataran me dijo: "ama siento que yo no voy a vivir mucho. Si muero antes que usted por favor póngame en mi funeral la canción de Dos Botellas de Mezcal. Pues así pasó. En su funeral le puse su canción y sentía un dolor inmenso. Ya han pasado 18 años y mi nieta me recuerda el gran amor de mi hija. Una madre nunca supera el dolor de una hija/hijo muerto. Pero lo que me hace fuerte es la que muerte de mi hija salvó a cuatro personas por la donación de sus órganos. Yo soy Isabel y soy de Compostela, Nayarit.

San Bernardino, California

■Uno de hombre es medio pendejo, uno cree que siendo trabajador, dándole cosas materiales a su pareja las va a retener uno■

Siento que mi historia es muy parecida a la de muchos hombres que nos venimos a este país. Déjame te explico: hace más de 20 años emigré de Michoacán aquí a Redwood City. No le miento aquí me sentía muy solo. Me la pasaba trabajando y trabajando (trabajo en la construcción) y mandando dinero para construir una casa allá en México. Hice un casonón. Duré mucho sin ir y como le digo trabajé muy duro para hacerme de esa propiedad. Cuando regresé ya había arreglado papeles y me traje a mi ex esposa de allá. La verdad es que mi ex esposa sigue estando bonita pero ya vive con otra persona. No supe cuidarla porque cuando me la traje me la pasaba trabajando y de mendigo con otras viejas. Ella en el fondo lo sabía y me perdonaba hasta que un día se hartó y me dijo: "como persona eres trabajadora, como padre has cumplido pero como esposo me has lastimado mucho y lo nuestro ya no tiene remedio." Tiempo después ella conoció a alguien más (duró como 3 años para juntarse) y ahora hace vida con él. Yo conozco al amigo, de hecho es del mismo pueblo ya que aquí en Redwood City hay mucha gente de Aguililla. No se crea, uno de hombre es medio pendejo, cree que siendo trabajador, dándole cosas materiales a su pareja las va a retener uno.

Saúl, Redwood City, California

■Me molesta que mi esposa no quiera a mi familia■

No sé por qué pero las mujeres cambian a lo largo del tiempo. Cuando nos casamos era diferente. Hacíamos fiestas aquí en Riverside, en Fontana y nos reuníamos las dos familias, no la pasábamos muy bien. Con el tiempo empezó a cambiar, a dejar de visitar a mi familia. Yo hasta ahorita visito a la de ella y no ando de fijado o sentido con nadie. Ella no. En ocasiones visitamos a mi familia y mi esposa con su cara. Yo miro como mi mamá, mis hermanas y ella se tiran indirectas. Aquí en mi casa que esperanza que reciba a mi mamá o a mis hermanas. Y cuando vienen no quiere cocinar y me pide que ordene comida. Me molesta que mi esposa no quiera a mi familia. En ocasiones siento que me falta valentía para defender lo que es justo pero ya ve es dicho de que "happy wife, happy life."("esposa feliz, vida feliz") Eso es mentira, ella siempre anda enojada por todo. Si soy buena onda, se encaja y si le levanto la voz, grita y mis hijos no saben qué hacer. Creo que si me hubiera casado con una de mi pueblo me habría ido mejor.

Fernando, Riverside, California

■En nuestros países de habla hispana uno no es lo que quiere ser, sino lo que puede ser■

Me llamo Ezequiel y soy peruano. Vivo y trabajo aquí en San Francisco como payasito en Pier 39 haciendo globos de figuritas de animales. Allá en el Perú estudiaba la docencia porque mi sueño era ser maestro de primaria. Los peruanos tenemos una rica cultura milenaria que nos distingue de las demás culturas. Tenemos la historia de los Incas, Machu Picchu, las Líncas de Nazca, escritores como Vargas Llosa y nuestro riquísimo ceviche peruano. Yo me siento muy orgulloso de mi cultura pero en nuestros países de habla hispana uno no es lo que quiere ser, sino lo que puede ser. Así pues por problemas económicos emigré a California y aquí me tienen. Mi nombre artístico es Kokin y todos los días vengo aquí al muelle de Pier 39 a ganarme la vida haciendo globos artísticos para los niños. ¿Qué cuánto valen? Lo que quiera donar el turista.

Ezequiel, San Francisco, California.

■ Mi hijo se equivocó, bueno siento que el que se equivocó fue uno por no saberlo guiar■

Mire aquí había organizaciones criminales que le hacían mucho daño a nuestros hijos. Mi hijo jugaba fútbol pero pronto empezó a cambiar. Se vestía de negro con un rosario rojo y se salía por las noches. Uno de sus primos traía un pañuelo azul y en las fiestas familiares se decían cosas. Dentro de la misma familia había cholos de los dos bandos. Con el tiempo mi hijo perdió la vida por andar en las pandillas. Mi hijo se equivocó, bueno siento que el que se equivocó fue uno por no saberlo guiar. O no sé ya ni que pensar. Lo más triste fue que en su funeral a mi hijo lo vistieron de rojo con una cachucha con la letra N. No pudimos vestirlo como nosotros queríamos. La pandilla nos forzó a vestirlo de rojo. ¿Y uno qué hacía? En el fondo uno tenía miedo. Yo me vine de México para brindarle un futuro mejor a mi familia pero aquí el norte me quitó a mi hijo. Me da mucho gusto que Salinas está cambiando pero antes (1988-2008) sí era una ciudad violenta. Le deseo suerte con su libro.

Anónimo

■Cuando alguien quería hablar o recibir llamadas de un familiar que vivía aquí en el norte pues ahí iban con nosotros■

Pues yo me acuerdo que ahí en el barrio mi mamá era la única que tenía teléfono. Cuando alguien quería hablar o recibir llamadas de un familiar que vivía aquí en el norte pues ahí iban con nosotros. Recuerdo que era gente muy tímida pero mi mamá siempre las hacía sentirse bien. Nunca les hizo caras ni les negó el favor. Por lo general eran madres ya mayores que tenían algún hijo por acá. Recuerdo que las señoras llegaban unos quince minutos antes y platicaban con nosotros. Cuando sonaba el teléfono yo miraba cómo se ponían un poquito nerviosas al levantarlo. Eran bonitos tiempos porque como le digo el teléfono de mi mamá era un puente sentimental entre madre e hijo. De eso no me olvido, de mi madre buena. 30251 era el número telefónico de nuestra casa.

Anónimo

■Recuerdo que escuchábamos a Kaliman y Porfirio Cadena y todos atentos nos imaginábamos las historias■

Según mi hijo es más inteligente que nosotros porque habla inglés y utiliza mejor la tecnología. Mi esposo y yo somos de un ranchito donde no teníamos televisión, ni teléfono, solo un pequeño radio donde escuchábamos música y novelas. Recuerdo que pasaban la de Kaliman y la de Porfirio Cadena. Todos nos imaginábamos las historias y como ahí era un rancho todos las escuchaban. Eran muy emocionantes. Eventualmente emigramos para acá y aquí nacieron nuestros hijos. Un día a uno de ellos le dije que me ayudara a poner una aplicación en mi celular y me dijo: "no sabes nada ¿por qué no aprendes?" Los hijos con su tecnología pueden ser muy crueles porque esos aparatos los hacen sentirse más inteligentes que uno. Además están adictos a su celular, a sus juegos y por eso creo que la tecnología no es tan sana para ellos.

María, Watsonville, California

■**Hoy pienso que esos quesos eran un poquito del México que él deseaba compartir con su hijo, o sea mi padre**■

Todavía recuerdo la última vez que fui a visitar a mis abuelitos allá a México. Era muy bonito estar al lado de ellos, tan amorosos conmigo. Una vez antes de venirme para acá mi abuelito me dijo: "necesito que le lleves estos quesos a tu papá para que se los coma con unos frijolitos." Yo le dije: "allá venden quesos no se preocupe abuelito." Pero él volvió a decirme: "no es lo mismo hijo, estos quesos son de aquí de su tierra." Los quesos estaban congelados y envueltos en papel aluminio pero como el avión se retrasó pues ahí me tienes que en la espera mi mochila empezó a oler a puro queso. Me subí al avión y todo olía a queso. Cuando llegué a la casa y le dije a mi papá que mi abuelito le había mandado quesos se puso muy feliz. Hoy de eso han pasado muchos años. Mi abuelito ha muerto y hoy pienso que esos quesos eran un poquito del México que él deseaba compartir con su hijo ausente, o sea mi padre.

Jesús, Fresno, California

■**Tengo un gran esposo. Es muy responsable y bueno pero cada vez que pienso en México ese antiguo novio viene a mi memoria**■

Mira como te explico: antes de emigrar para acá tuve un novio que quise mucho allá en México. En realidad nunca dejé de pensar en él y por mucho tiempo mantuve sentimientos de amor. No sé si era la soledad o la nostalgia pero siento que la migración me partió en dos: la que era allá y la que soy aquí. Bueno como te decía aquí me casé y tengo un gran esposo. Es muy responsable y bueno pero cada vez que pienso en México ese antiguo novio viene a mi memoria. ¿Te podría confesar algo? Esta última vez que fui al pueblo lo miré y se hizo como que no me vio. Yo al verlo sentí algo muy bonito pero contradictorio. Mis sentimientos estaban divididos por la que fui allá y la que soy ahora.

Josefina, Los Ángeles, California

Made in the USA
Columbia, SC
14 October 2024